EN DIRECT DU RESTAURANT

Laurie Raphaël

Produit par
Restaurant Laurie Raphaël
117, rue Dalhousie
Québec (Québec) G1K 9C8
Téléphone: (418) 692-4555
Télécopieur: (418) 692-4175

Photographies et digitalisations
Louis Ducharme

Accessoiriste
Nadia Richard

Styliste
Marc Maulà

Graphisme
Vox communication et graphisme

Préimpression et impression
J. B. Deschamps Inc.

Dépôt légal:
3ᵉ trimestre 1997
Bibliothèque nationale du Canada
Bibliothèque nationale du Québec

ISBN 2-9805639-0-0

Imprimé au Canada

Préface

Ah, Daniel, tu ne cesseras jamais de m'étonner! Quel personnage coloré, débordant d'énergie! Si vous avez de la chance, vous pouvez l'attraper au vol ou l'apercevoir tantôt au marché en train de discuter avec les artisans de la terre, tantôt dans la cuisine de son resto ou au Vieux-Port de Québec faisant du patin à roues alignées avec ses enfants. Il court à vive allure et fait sans cesse la navette entre Montréal et Québec pour l'enregistrement de son émission de cuisine.

Voyageur en quête d'idées culinaires fraîches, passionné fou de la cuisine, véritable chef acrobate, il a toujours des idées neuves, inventives et sait créer des recettes tout simplement divines. Lorsqu'il me parle de cuisine, de « bouffe », ses yeux s'allument et je vois en Daniel cet adolescent rebelle qui « trippe » dans son art, tout simplement. Homme d'affaires, papa, vedette et quoi encore? Eh oui, il trouve le moyen d'écrire un livre, en direct du Laurie Raphaël qui est son véritable refuge de bonheur où règnent talent et succès.

Ce restaurant réputé a du vent dans les voiles grâce à Suzanne et Daniel qui insufflent un vent d'énergie à leur équipe qui les aide à garder le cap et à maintenir une qualité constante autant dans la cuisine que dans la salle à manger. De plus, ils sont toujours à l'écoute de leur clientèle fidèle et raffinée, chérie par tous. Situé dans la ville de Québec depuis déjà six ans au Vieux-Port, ce restaurant est né sous une bonne étoile. Il brille dans un véritable site enchanteur où festivals, événements de tous genres sont omniprésents.

Daniel aime bien sentir dans ce quartier « son » marché qui n'est pas loin où il retrouve tous les jours avec hâte « ses » beaux produits alléchants et frais, sans cesse source d'inspiration pour lui.

Le Laurie Raphaël, c'est avant tout une histoire d'amour puisque Laurie et Raphaël sont les enfants des proprios. Laurie est une petite fille ensoleillée et créative qui s'amuse déjà à venir travailler en salle avec sa mère le samedi soir et cause avec tous les clients. Raphaël, c'est le petit comédien de 9 ans qui fait rire toute la famille avec ses blagues. Il sait éplucher les asperges, émincer des champignons, mange son saumon saignant et aime mettre son petit nez dans le verre de vin de son papa. Ouf! Quel futur gastronome!

Ces deux petits anges cornus donnent vie à ce restaurant mais c'est sans aucun doute Suzanne qui en est la véritable muse, qui a su créer un univers paradisiaque, haut de gamme, et ce, en pleine crise économique. Cette femme d'affaires chevronnée, dévouée, sensible, généreuse, agent d'artistes, chef de famille, directrice de marketing croit au potentiel de Daniel et lui donne la chance de se réaliser pleinement.

Ces lignes sauront, je l'espère, vous donner le goût de découvrir l'art dans lequel excelle cet authentique artiste des sens.

Bons plaisirs,

Véronique Bigras

Introduction

C'est sans aucun doute ma passion démesurée pour la cuisine et l'amour incommensurable que j'ai pour elle qui m'a transporté aux quatre coins de la terre. Eh oui, je ne pourrais vivre sans elle; je l'apprivoise et j'essaie de connaître tous ses secrets. Oscillant entre le mélange de saveurs de la cuisine californienne, le raffinement de la cuisine française, en passant par l'exotisme des parfums du sud et intrigué par les saveurs de l'Orient, je suis sans cesse influencé et j'essaie de développer un style à tendance internationale qui nourrit d'ailleurs à tous les jours mon besoin de renouveau sans cesse grandissant.

Le seul fait de partager ma vision de la cuisine avec vous suffit à combler mon grand besoin de renouveler cet art qui me réserve d'agréables surprises chaque jour. Les recettes que j'ai choisies pour vous sont un amalgame de mes grands classiques autant que mes dernières créations.

Avec les commentaires et les trucs du métier que je vous offre, je veux vous aider à réussir vos plats et vous donner l'envie de « fouiner » dans les épiceries fines ou les épiceries asiatiques pour faire vos propres découvertes.

Je veux aussi vous inciter à fréquenter les marchés publics où on peut choisir ses fruits, ses légumes avec soin, rencontrer et mieux connaître ces artisans qui produisent les denrées fraîches et souvent nouvelles et originales pour notre plus grand plaisir.

N'oubliez pas de garder toujours en tête qu'une recette est une base, une idée qui peut vous inspirer pour en créer une autre à votre tour. N'ayez pas peur de les modifier selon votre goût et votre imagination.

Ayez autant de plaisir à réaliser mes recettes qu'à les déguster.

Daniel Vézina

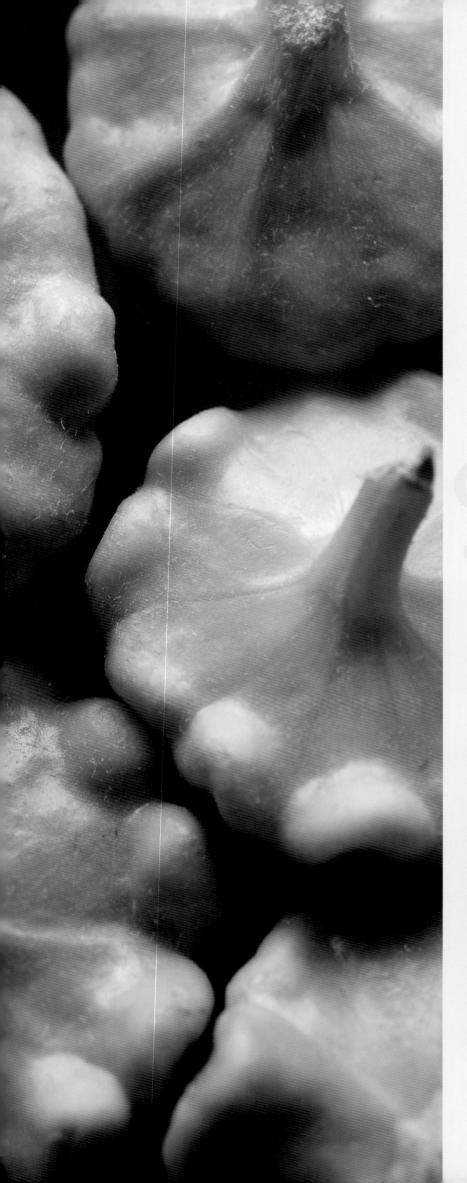

𝒥e ne vous parlerai jamais assez de l'importance des produits frais et de leur qualité. Tout comme Jean Leblond, surnommé « le jardinier des chefs », dorlotez-les et veillez sur eux, ils vous apporteront inspiration pour créer de nouveaux plats.

Ex-réalisateur à Radio-Canada d'une émission pour épicuriens, diplomate pour le gouvernement du Québec à Paris, il s'est par la suite converti en un maraîcher hors pair. Imprésario dans l'âme, il est passé maître dans l'art de faire connaître les nouveaux produits aux chefs tels les betteraves jaunes, les patates bleues et les pâtissons qui figurent aux premières loges de ses découvertes.

*L*es superbes jardins de Jean sont situés dans Charlevoix, plus précisément sur le plateau des Éboulements où règne un microclimat permettant à ce maraîcher de cultiver des artichauts, des fleurs de courgettes, du mesclun comme en Provence.

Si un jour vous passez aux Éboulements, recherchez l'homme joyeux au rire légendaire; je suis convaincu qu'il vous fera visiter ses jardins dont il est si fier. Si vous l'aidez à tailler le céleri-rave, il vous récompensera sûrement avec un pastis ou un petit verre de rosé.

Ce plat exquis, heureux mélange parfumé des saveurs du monde, est à l'image de ma cuisine. Improvisez vous aussi selon votre humeur.

Jarret d'agneau à la cardamome, cari de légumes indien. (Pour 4 personnes)

Jarrets d'agneau

1re étape

4	jarrets d'agneau
1	noisette de beurre
30 ml (2 c. à soupe)	huile végétale
300 g (2 tasses)	os d'agneau
300 g (2 tasses)	mirepoix
1	tête d'ail en chemise
1	branche de thym
1	brindille romarin
1	feuille de laurier

2e étape

250 ml (1 tasse)	vin blanc
1,5 litre (6 tasses)	eau
10	capsules de cardamome
250 ml (1 tasse)	fond de veau
au goût	sel, poivre

Cari

1	petite aubergine
2	pommes de terre
2	poivrons verts moyens
3	tomates moyennes
1	courgette moyenne
1/2	chou-fleur
45 ml (3 c. à soupe)	beurre clarifié
2,5 ml (1/2 c. à thé)	curcuma en poudre
1/2 pincée	piment doux en poudre
250 ml (1 tasse)	eau
5 ml (1c. à thé)	cassonade
au goût	sel, poivre
4	galettes de papadum frites

Pour les jarrets d'agneau

- Préparer les quatre jarrets en grattant les extrémités des os sur une longueur de 5 cm (2 po).
- Les ficeler en prenant bien soin de leur donner une belle forme.
- Dans un sautoir à fond épais (26 cm de diamètre ou 10 1/2 po), faire fondre la noisette de beurre dans un peu d'huile et saisir les jarrets, assaisonner.
- Ajouter les os autour, ainsi que la mirepoix, l'ail, le thym, le romarin et la feuille de laurier.
- Rôtir au four 30 minutes à 400 °F (200 °C).

Cuisson et sauce

- Déglacer avec le vin blanc, ajouter l'eau pour couvrir complètement les jarrets.
- Écraser légèrement les gousses de cardamome à l'aide d'un couteau, ajouter au bouillon et laisser mijoter 3 heures au four à 300 °F (150 °C).
- Lorsque les jarrets sont cuits, ajouter le fond de veau et réduire jusqu'à consistance onctueuse.
- Retirer les jarrets et passer la sauce au chinois, réserver.

Pour le cari de légumes indien

- Éplucher l'aubergine et blanchir les pommes de terre.
- Couper les poivrons en deux et les épépiner.
- Monder les tomates et presser pour en extraire les pépins.
- Tailler tous les légumes en cubes de 1 cm (1/2 po).
- Retirer le cœur du chou-fleur et défaire en petits bouquets.
- Sauter tous les légumes individuellement dans une poêle avec du beurre clarifié, mettre dans un petit rondeau et ajouter les épices, l'eau et la cassonade.
- Laisser mijoter 15 minutes, assaisonner.

Finition et présentation

- Frire les galettes de papadum.
- Déposer le cari de légumes à l'intérieur d'un emporte-pièce de 10 cm (4 po) sur les assiettes. Retirer l'emporte-pièce et déposer les jarrets sur le cari. Verser de la sauce autour, insérer une branche de thym dans le bout de l'os et servir avec un papadum garni de pousses de pois.

Filo d'agneau aux feuilles de vigne, sauce aux poivrons rouges et romarin, grecque de légumes. (Pour 4 personnes)

Longes d'agneau

2 longes courtes d'agneau d'environ 1 kilo (2 lb)	
4	feuilles de vigne
4	feuilles de pâte filo
45 ml (3 c. à soupe)	beurre clarifié

Pour les longes

- Désosser les longes courtes d'agneau et réserver les os concassés pour la sauce.
- Couper les longes en deux et saisir à la cuisson saignante.
- Les déposer ensuite sur un papier absorbant et assaisonner.
- Rincer les feuilles de vigne et couper les nervures.
- Enrouler chaque demi-longe d'une feuille de vigne.
- Détailler les feuilles de pâte filo en 2 dans le sens de la longueur, y déposer chaque demi-longe et rouler, refermer les bouts. Badigeonner de beurre à l'aide d'un pinceau et garder à la température ambiante pour la cuisson finale.

Sauce aux poivrons rouges et romarin

	os des longes d'agneau
45 ml (3 c. à soupe)	huile végétale
1	oignon moyen
3	poivrons rouges
1	tête d'ail complète séparée en gousses
2	branches romarin
250 ml (1 tasse)	eau
250 ml (1 tasse)	vin blanc
250 ml (1 tasse)	fond d'agneau ou de veau

Pour la sauce

- Faire colorer les os avec l'huile.
- Ajouter les oignons hachés et cuire à nouveau.
- Trancher les poivrons en deux, épépiner et couper en dés.
- Ajouter aux os les poivrons, les gousses d'ail et le romarin.
- Mouiller avec l'eau et le vin blanc et réduire 15 à 20 minutes à feu moyen.
- Verser le fond de veau, couvrir et mijoter 30 minutes.
- Retirer les os et passer le liquide au tamis en pressant pour bien extraire la pulpe du poivron et de l'ail.

Grecque de légumes

80 ml (1/3 tasse)	huile d'olive
500 ml (2 tasses)	champignons coupés en quartiers
1	bulbe de fenouil moyen
1/2	chou-fleur en petits bouquets
10 ml (2 c. à thé)	graines de coriandre
1	feuille de laurier
1	gousse d'ail
1	oignon moyen
2	branches thym
2	tomates moyennes en brunoise
15 ml (1 c. à soupe)	origan frais
2,5 ml (1/2 c. à thé)	vinaigre de xérès
au goût	sel, poivre

Pour les légumes

- Dans une grande casserole chauffer l'huile d'olive et sauter les champignons, le fenouil et les petits bouquets de chou-fleur.
- Ajouter les graines de coriandre, le laurier, l'ail, l'oignon moyen et le thym. Poursuivre la cuisson environ 3 minutes.
- Retirer du feu et ajouter les tomates, l'origan et un trait de vinaigre de xérès.

Finition et présentation

- Chauffer le four à 400 °F (200 °C).
- Poser les filos d'agneau sur une plaque allant au four et cuire de 5 à 6 minutes, juste assez pour cuire la pâte et réchauffer la viande.
- Trancher chaque filo en deux et servir sur la grecque de légumes. Verser la délicieuse sauce aux poivrons rouges et romarin autour des légumes.

asperge

Pour éviter que le bœuf et les asperges ne soient froids au milieu des roulades, laissez celles-ci une dizaine de minutes à la température de la pièce avant de les cuire.

Tataki de bœuf aux asperges et graines de sésame, salade de champignons. (Pour 4 personnes)

Salade de champignons

6	*feuilles de won ton (petit paquet vert)*
12	*asperges moyennes*
500 ml (2 tasses)	*shiitake*
125 g (4 oz)	*ou un paquet d'énoki*
125 ml (1/2 tasse)	*julienne de carottes*
90 g (3 oz)	*pousses de tournesol*

Vinaigrette de soya

60 ml (4 c. à soupe)	*huile d'olive*
60 ml (4 c. à soupe)	*huile de soya*
30 ml (2 c. à soupe)	*jus de lime*
30 ml (2 c. à soupe)	*sauce soya*
30 ml (2 c. à soupe)	*fines herbes hachées (aneth, estragon)*
au goût	*poivre*

Tataki

240 g (1/2 lb)	*filets de bœuf (pour entrée) ou*
500 g (1 lb)	*filets de bœuf (pour un plat principal)*
12	*pointes d'asperges*
30 ml (2 c. à soupe)	*graines de sésame blanches et noires*
10 ml (2 c. à thé)	*huile de tournesol*

Garniture

Pousses de maïs
Bouquet d'aroche
Énoki
Feuillage de plantain

Pour la salade

• Faire un petit trou au milieu de chaque feuille de won ton avec une douille à pâtisserie et frire.
• Éplucher les asperges, les cuire al dente à l'eau bouillante salée et refroidir.
• Tailler les queues en julienne et les réserver pour la salade. Réserver les pointes pour le tataki.
• Émincer finement les shiitake et couper la base du paquet d'énoki, puis les défaire.

Pour la vinaigrette

• Faire la vinaigrette en mélangeant tous les ingrédients. Verser la moitié sur les champignons pour les mariner. Réserver le reste de la vinaigrette pour le bœuf.
• Ajouter aux champignons la julienne de carottes, les pousses de tournesol et les queues d'asperges. Mélanger très délicatement.

Pour le tataki

• Applatir, entre deux pellicules plastique, des morceaux de 60 g (2 oz) de filets de bœuf. Retirer la pellicule du dessus et y déposer 3 pointes d'asperges sur chaque morceau en laissant dépasser les têtes de quelques centimètres. Rouler et saupoudrer de graines de sésame.
• Saisir les rouleaux avec quelques gouttes d'huile de tournesol, sur toutes les faces, dans une poêle antiadhésive très chaude. Garder saignant à l'intérieur et trancher en rondelles ou en biseau de 2 cm (3/4 po) d'épaisseur.

Présentation

• Faire des petits mille-feuilles avec les pâtes won ton et la salade.
• Servir les tranches de viande tiède arrosées de vinaigrette de soya.
• Décorer avec des pousses de maïs, de la ciboulette chinoise et une pousse d'aroche.

asperge

Tian de thon et patates bleues à la fondue d'échalotes vertes et tatsoy, brochettes d'asperges blanches et vertes grillées. (Pour 4 personnes)

Tian de thon

500 g (1 lb)	thon frais
4	patates bleues
60 ml (4 c. à soupe)	huile d'olive extra vierge
15 ml (1 c. à soupe)	vinaigre balsamique
au goût	sel, poivre
2	échalotes vertes
15 ml (1 c. à soupe)	huile d'olive
1	botte de tatsoy ou d'épinards

Sauce à la tomate séchée

30 ml (2 c. à soupe)	huile d'olive
1/2	gousse d'ail
30 ml (2 c. à soupe)	échalotes grises
4	demi-tomates séchées dans l'huile
30 ml (2 c. à soupe)	vinaigre balsamique
125 ml (1/2 tasse)	vin blanc
200 ml (3/4 tasse)	fond de veau
45 ml (3 c. à soupe)	basilic frais
au goût	sel, poivre

Brochettes d'asperges grillées

12	asperges vertes moyennes
12	asperges blanches moyennes
15 ml (1 c. à soupe)	huile d'olive
au goût	sel, poivre

Pour le tian de thon

- Détailler le thon en quatre pièces égales.
- Laver et cuire les patates bleues à l'eau bouillante salée. Il faut qu'elles soient cuites mais encore fermes.
- Couper les patates bleues en tranches de 7 mm (1/4 po) d'épaisseur, mélanger dans un bol avec l'huile et le vinaigre, assaisonner avec du sel et poivre du moulin. Réserver.
- Émincer les échalotes vertes en biseau et les sauter dans une poêle avec un peu d'huile. Ajouter le tatsoy et cuire légèrement.

Pour la sauce

- Chauffer l'huile dans une petite casserole et faire revenir l'ail et les échalotes grises hachées finement.
- Ajouter les tomates séchées émincées et déglacer avec le vinaigre.
- Verser le vin blanc et réduire de moitié.
- Ajouter le fond de veau et le basilic ciselé et réduire à nouveau. Assaisonner.

Pour les brochettes

- Blanchir les asperges dans l'eau bien salée 5 à 7 minutes pour les vertes et 10 minutes pour les blanches. Refroidir à l'eau glacée et tailler en tronçon de 8 cm (3 1/2 po) de longueur. Enfiler sur deux brochettes de bois en alternant, vertes et blanches, badigeonner les brochettes d'huile d'olive et assaisonner de sel et de poivre. Marquer sur le gril quelques minutes sur les deux faces.

Cuisson et finition

- Griller les morceaux de thon à cuisson saignante et assaisonner. Couper en deux dans le sens de l'épaisseur. Déposer des emporte-pièces de 7 cm (3 po) au centre des assiettes et procéder comme suit: mettre la fondue d'échalotes et le tatsoy au fond, deux à trois tranches de patates bleues et une tranche de thon. Répéter l'opération en terminant par le thon. Retirer les emporte-pièces, piquer une brochette dans chaque tian et verser un peu de sauce autour.
- Décorer avec du feuillage et une fleur de capucine.

Râble de lapin farci aux asperges et shiitake, sauce au vinaigre de vin blanc et gingembre. (Pour 4 personnes)

Râbles

1 kg (2 lb)	2 râbles de lapin avec les os
6	asperges vertes ou blanches
15 ml (1 c. à soupe)	huile d'olive
6	champignons shiitake (gros) ou pleurotes
au goût	sel, poivre
1/2	paquet d'épinards
300 g (9 oz)	os de lapin

Pour les râbles

- Désosser les râbles en prélevant l'os de la colonne sans déchirer la chair et déposer à plat sur une surface de travail.
- Concasser les os et réserver pour la sauce.
- Éplucher et cuire les asperges 3 à 4 minutes à l'eau bouillante salée.
- Sauter les champignons dans l'huile d'olive.
- Cuire les épinards à la vapeur et mettre à l'intérieur du râble préalablement assaisonné. *30cc.*
- Réserver l'espace du milieu pour les asperges et les champignons.
- Refermer les râbles, ficeler. Dans un petit sautoir de 25 cm (10 po) saisir les râbles avec un peu d'huile d'olive sur toutes les faces. Assaisonner.
- Déposer les os autour des râbles et cuire au four 25 minutes à 350 °F (180 °C).
- Retirer du four, laisser reposer et réserver les râbles.

on peut faire cette sauce avec du porc, volaille de grain, veau.

Sauce

30 ml (2 c. à soupe)	échalotes grises
15 ml (1 c. à soupe)	gingembre haché
30 ml (2 c. à soupe)	miel
2,5 ml (1/2 c. à thé)	cinq épices
30 ml (2 c. à soupe)	vinaigre de vin assaisonné
125 ml (1/2 tasse)	Chardonnay
250 ml (1 tasse)	fond de veau

Chuka soba et mini-bok choy

4	mini-bok choy (chou chinois)
5 ml (1 c. à thé)	huile de sésame grillé
500 g	ou un paquet de pâtes chuka soba
30 ml (2 c. à soupe)	huile végétale
15 ml (1 c. à soupe)	huile de sésame grillé

Pour la sauce

- Remettre le sautoir sur le feu, ajouter les échalotes, le gingembre, le miel et caraméliser légèrement. Ajoutez les épices, le vinaigre de vin, le Chardonnay et laisser réduire à faible ébullition. Verser le fond de veau et laisser réduire à nouveau jusqu'à consistance désirée, soit de 10 à 12 minutes, (doit donner environ 125 ml (1/2 tasse) de sauce).

Pour les pâtes

- Cuire les bok choy quelques minutes à la vapeur et les sauter à l'huile de sésame grillé.
- Cuire les pâtes à l'eau bouillante, al dente. Égoutter parfaitement.
- Chauffer l'huile végétale et le reste de l'huile de sésame grillé dans une sauteuse.
- Lorsque l'huile est très chaude, ajouter les pâtes et laisser devenir croustillant en surface, retourner et garder moelleux à l'intérieur.

Finition et présentation

- Déposer un demi-râble sur les nids de pâtes dans chaque assiette avec un mini-bok choy.
- Garnir de fleurs comestibles.

N'oubliez pas le temps de repos du râble après la cuisson, sinon il pourrait se dérouler. Utilisez une lame très fine et bien aiguisée pour le trancher.

Tomates et mozzarella di buffala à l'huile parfumée au basilic et vinaigre balsamique. (Pour 4 personnes)

Tomates et mozzarella

2	*tomates jaunes*
2	*grosses tomates italiennes*
1	*boule de mozzarella di buffala*

Pour les tomates et le mozzarella

- Enlever les pédoncules des tomates et les couper en tranche de 1/2 cm (1/4 po) d'épaisseur.
- Trancher le mozzarella de la même façon.
- Dresser, en alternant, les tranches de tomates italiennes et jaunes sur quatre assiettes.
- Poser quelques tranches de mozzarella au milieu des tomates.
- Bien assaisonner de sel et poivre du moulin. Réserver.

Huile parfumée au basilic

500 ml (2 tasses)	*huile d'olive extra vierge*
375 ml (1 1/2 tasse)	*basilic (feuilles)*

Pour l'huile

- Passer l'huile et le basilic au mélangeur, à vitesse maximale.
- Filtrer dans un coton à fromage, dans un tamis très fin ou dans un filtre à café.

Garniture

30 ml (2 c. à soupe)	*vinaigre balsamique*
30 ml (2 c. à soupe)	*feuilles de basilic émincé*
au goût	*sel, poivre*

Finition et présentation

- Verser de l'huile parfumée au basilic sur les tomates ainsi que quelques gouttes de vinaigre balsamique. Parsemer de basilic émincé et décorer avec du basilic grec et pourpre.

C'est au mois d'août que cette recette est à son meilleur à cause du goût fin et légèrement sucré des tomates mûries au soleil. Vous trouverez le mozzarella di buffala dans les bonnes épiceries italiennes. À défaut de mozzarella di buffala, on peut utiliser le bocconcini.

Artichaut de homard à la mayonnaise de pesto

Artichauts

1 litre (4 tasses)	*eau*
1	*citron*
30 ml (2 c. à soupe)	*farine*
4	*gros artichauts*

Pour la cuisson des artichauts

- Mettre dans une casserole 1 litre d'eau et le jus d'un citron. Verser la farine en pluie et fouetter pour éviter la formation de grumeaux.
- Tourner les artichauts et les mettre à cuire 20 minutes à feu moyen.
- Laisser refroidir dans l'eau de cuisson et égoutter. Retirer le foin au centre des artichauts et remettre dans le jus de cuisson.

Homards

2 homards de 750 g (1 1/2 lb) chacun	

Pour les homards

- Plonger les deux homards dans l'eau bouillante pendant 10 minutes à partir du moment où l'eau reprend son ébullition. Décortiquez-les complètement et réserver les chairs.

Pesto

1	*gousse d'ail hachée finement*
375 ml (1 1/2 tasse)	*basilic*
100 ml (1/3 tasse)	*huile d'olive*
45 ml (3 c. à soupe)	*pignons*
30 ml (2 c. à soupe)	*parmesan*

Pour le pesto

- Dans un petit robot mettre l'ail, le basilic et l'huile, bien liquifier. Ajouter ensuite les pignons et le parmesan. Pulser à nouveau 30 secondes.

Mayonnaise

3	*jaunes d'œufs*
15 ml (1 c. à soupe)	*moutarde de Dijon*
15 ml (1 c. à soupe)	*vinaigre de vin*
150 ml (2/3 tasse)	*huile d'olive*
au goût	*sel, poivre*

Pour la mayonnaise

- Mettre les jaunes d'œufs dans un bol en inox avec la moutarde et le vinaigre, bien mélanger.
- Verser doucement l'huile sur les jaunes en fouettant énergiquement, ajouter une quantité de pesto à votre goût dans la mayonnaise.

Finition et présentation

- Émincer la chair de homards et réserver les pinces.
- Mélanger la chair avec la mayonnaise au pesto et remplir les fonds d'artichauts. Dresser un fond sur chaque assiette avec une pince en guise de décoration et un trait de pesto, de mayonnaise au pesto et d'une branche de basilic grec.

betterave

Napoléon de crevettes aux betteraves jaunes, sauce vierge à l'aneth. (Pour 4 personnes)

Napoléon

24	*crevettes géantes (12 à la livre)*
2	*grosses betteraves jaunes*
15 ml (1 c. à soupe)	*huile d'olive*
au goût	*sel, poivre*

Sauce vierge à l'aneth

30 ml (2 c. à soupe)	*ciboulette ciselée*
45 ml (3 c. à soupe)	*aneth haché*
1	*gousse d'ail haché finement*
2	*tomates en brunoise*
30 ml (2 c. à soupe)	*vinaigre de xérès*
125 ml (¹/₂ tasse)	*huile d'olive*
au goût	*sel, poivre*

Pour le Napoléon
- Décortiquer les crevettes et enlever les boyaux intestinaux.
- Mettre les betteraves dans l'eau bouillante salée et cuire jusqu'à tendreté, ensuite les éplucher, trancher en fines rondelles de 2 mm (¹/₁₆ po). Réserver.

Pour la sauce vierge
- Mélanger tous les ingrédients de la sauce vierge et assaisonner de sel et poivre du moulin. Réserver à la température de la pièce.

Cuisson et finition
- Dans une grande poêle, sauter les crevettes avec un peu d'huile d'olive et assaisonner à mi-cuisson. Ajouter 45 ml (3 c. à soupe) de sauce vierge et mélanger. Déposer les tranches de betteraves à plat sur les crevettes comme pour faire un couvercle, terminer la cuisson des crevettes.
- Déposer une tranche de betterave au fond de chaque assiette bien chaude, puis 2 crevettes insérées l'une dans l'autre. Répéter l'opération en terminant par une tranche de betterave.

Présentation
- Verser un peu de sauce vierge sur chaque Napoléon et décorer avec quelques feuilles de laitue poirée. Servir aussitôt.

bleuet

18 | 19

Poires en croûte au caramel de bleuets.
(Pour 4 personnes)

Poires en croûte

Caramel de bleuets

250 ml (1 tasse)	*sucre*
250 ml (1 tasse)	*eau*
250 ml (1 tasse)	*bleuets frais ou congelés*
	sirop au besoin

Poires pochées

1 litre (4 tasses)	*eau*
500 ml (2 tasses)	*sucre*
4	*grosses poires pelées et vidées*
2	*citrons*

Crème frangipane

80 ml (1/3 tasse)	*beurre doux ramolli*
80 ml (1/3 tasse)	*sucre*
1	*jaune d'œuf*
2,5 ml (1/2 c. à thé)	*vanille*
80 ml (1/3 tasse)	*poudre d'amande*
150 g (5 oz)	*feuilletage ou de pâte brisée*

Dorure

1	*jaune d'œuf*
15 ml (1 c. à soupe)	*de lait*
30 ml (2 c. à soupe)	*sucre*

Pour le caramel
- Amener l'eau et le sucre à 340 °F (170 °C) au thermomètre à bonbon, environ 15 minutes dans une casserole en cuivre de 15 cm (6 po) de diamètre.
- Ajouter les bleuets dans le caramel en ébullition et remuer jusqu'à ce que les bleuets soient complètement cuits.
- Au goût, ajouter un peu de sirop dans le caramel pour une consistance plus liquide.

Pour les poires
- Éplucher les poires et conserver la queue.
- Faire un sirop avec l'eau, le sucre et le citron. Cuire les poires dans le sirop, jusqu'à tendreté, laisser refroidir dans le sirop.

Pour la crème frangipane
- Dans un bol en inox crémer le beurre et le sucre et ajouter à ce mélange l'œuf, la vanille et la poudre d'amande.

Cuisson et finition
- Farcir les poires avec la frangipane.
- Abaisser la pâte très fine 3 mm d'épaisseur (1/8 po) et la détailler en quatre carrés de 7 cm (3 po).
- Envelopper les poires avec la pâte en prenant soin de bien garder leur forme et de bien les sceller en dessous. Badigeonner de dorure et saupoudrer de sucre blanc.
- Cuire au four sur une tôle à biscuits à 400 °F (200 °C) 15 minutes sur la grille du millieu.

Présentation
- Servir les poires chaudes avec le caramel aux bleuets.
- Décorer avec du sucre filé et des feuilles de menthe fraîches.

Filets de bœuf au poivre szechwannais, sauce teriyaki et okonomi yaki. (Pour 4 personnes)

Filets de bœuf
4 pièces de filet de bœuf de 120 g (4 oz) chacune	
45 ml (3 c. à soupe)	sauce soya
5 ml (1 c. à thé)	sauce au poisson
45 ml (3 c. à soupe)	poivre szechwannais
	huile

Sauce teriyaki (1re étape)
80 ml (1/3 tasse)	sauce soya
125 ml (1/2 tasse)	jus d'orange
160 ml (3/4 tasse)	fumet de poisson
3	gousses d'ail épluchées et dégermées
1	feuille de laurier
1	pincée de thym frais
30 ml (2 c. à soupe)	sucre blanc
1	clou de girofle
250 ml (1 tasse)	fond de veau
80 ml (1/3 tasse)	crème 35 %

Okonomi yaki
Crêpes de chou (2e étape)
5 tranches lard, 1/2 oignon, 250 ml (1 tasse) de chou émincé,	
30 ml (2 c. à soupe)	crevettes séchées, 4 œufs
60 ml (1/4 tasse)	farine
5 ml (1 c. à thé)	sauce anglaise
15 ml (1 c. à soupe)	soya
30 ml (2 c. à soupe)	ketchup

Nouilles aux poivrons (3e étape)
(500 g)	1 paquet de nouilles de blé
1	poivron jaune moyen
1	poivron rouge moyen
15 ml (1 c. à soupe)	soya
au goût	poivre

Pour les filets
- Dans une assiette à soupe creuse, mélanger la sauce soya et la sauce poisson, y mariner les filets quelques minutes.
- Moudre le poivre au mortier et en saupoudrer les pièces de bœuf. Faire pénétrer le poivre dans les filets avec une petite spatule de métal.

Pour la sauce
- Mélanger les ingrédients de la sauce teriyaki.
- Laisser réduire du tiers et ajouter le fond de veau et la crème.
- Laisser réduire du tiers et réserver.
- Faire la garniture.

Pour les crêpes
- Émincer le lard, rissoler les lardons avec les crevettes, ajouter l'oignon et le chou finement émincé. Cuire 5 minutes et refroidir. Battre les œufs avec la farine et mélanger avec les légumes, ajouter la sauce anglaise, le soya et le ketchup.
- Chauffer une poêle antiadhésive, y déposer un emporte-pièce de 8 cm (3 1/2 po) et verser une couche mince de mélange à crêpe. Cuire 2 minutes, retirer l'emporte-pièce et retourner pour cuire l'autre face. Réserver.

Pour les nouilles
- Cuire les nouilles. Épépiner et émincer finement les poivrons et les plonger ensuite dans l'eau bouillante 30 secondes.
- Mélanger les nouilles avec le poivron et assaisonner avec le soya et le poivre.

Cuisson et finition
- Au moment de servir le bœuf: le couper en 4 tranches de 1 1/2 cm (5/8 po) d'épaisseur. Dresser la viande sur quatre assiettes chaudes, déposer les pâtes à côté et poser une crêpe de chou dessus. Servir avec la sauce teriyaki.
- Décorer avec un buisson de vermicelles de riz frits et quelques pousses de tatsoy.

Soupe tonkinoise au bœuf, salade de pousses de soja au basilic thaï. (Pour 8 personnes)

Bouillon
2 kilos (4 lb)	queues de bœuf
45 ml (3 c. à soupe)	sel
3,5 litre (14 tasses)	eau
3	racines de gingembre grillé
1	oignon
1	tête d'ail coupée en deux, grillée
3	feuilles de laurier
45 ml (3 c. à soupe)	sauce au poisson
7,1 cm (3 po)	cannelle en bâton
2	clous de girofle
4	anis étoilés
15 ml (1 c. à soupe)	graines de fenouil

Garniture de soupe
1 paquet (2 tasses)	vermicelles de riz
8	échalotes vertes
1	oignon blanc
125 ml (1/2 tasse)	coriandre fraîche
125 ml (1/2 tasse)	basilic
225 g (7 oz)	flancs de bœuf

Accompagnement
750 g (1 1/2 lb)	fèves germées
5 ml (1 c. à thé)	pâte de Chili
2	limes en quartiers

Les soupes parfumées de l'Orient réchauffent le cœur et remontent le moral quand les soirées glaciales du mois de janvier nous paraissent interminables.
Une vraie thérapie…

Pour le bouillon
- Parer les queues de bœuf en enlevant un peu de gras.
- Tailler en morceaux de 15 cm (6 po).
- On peut les saupoudrer de sel pour les faire dégorger pendant 1 heure puis rincer à l'eau froide. On aura alors un bouillon plus clair.
- Mettre les morceaux de queues de bœuf dans une très grande casserole pouvant contenir 10 litres (2 gallons) et couvrir d'eau froide. Amener à ébullition puis cuire doucement.
- Pendant ce temps, couper les racines de gingembre, les oignons et la tête d'ail en deux sans les peler. Chauffer une poêle antiadhésive et faire brûler les légumes du côté tranché environ 15 minutes. Ajouter au bouillon, ainsi que le reste des épices que vous aurez pris soin de mettre dans une petite pochette faite de coton à fromage.
- Baisser le feu pour maintenir une faible ébullition.
- Écumer de temps à autre, jusqu'à ce que la queue de bœuf soit cuite, soit environ 3 heures. Ensuite retirer du bouillon les morceaux de queues ainsi que la petite pochette d'épices.
- Désosser la queue de bœuf et mettre la chair de côté.
- Passer le bouillon au tamis fin.

Pour la garniture
- Cuire les vermicelles de riz dans l'eau bouillante salée 5 minutes et rincer à l'eau froide.
- Pocher les échalotes dans le bouillon de queues de bœuf.
- Trancher l'oignon blanc en rondelles fines.
- Hacher grossièrement la coriandre et le basilic. Trancher le flanc finement.

Finition et présentation
- Dans des bols, mettre les vermicelles de riz cuits, préalablement passés sous l'eau chaude.
- Sur les vermicelles, déposer des tranches de bœuf, des tranches d'oignons crus et les échalotes pochées et un peu de chair des queues de bœuf. Dans 60 ml (1/4 tasse) de bouillon chaud, délayer la pâte de Chili. Ajouter au reste du bouillon de la soupe.
- Verser la soupe très chaude dans les bols. Accompagner d'un plat de fèves germées assaisonnées de basilic et de la coriandre fraîche émincée. Servir avec les quartiers de limes.

Escargots en robe des champs
(Pour 4 personnes)

2	douzaines de pommes de terre grelots
2	douzaines d'escargots français

- Cuire les pommes de terre à l'eau bouillante légèrement salée.
- Couper le chapeau de chaque pomme de terre lorsqu'elles sont cuites.
- Creuser à l'aide d'une cuillère à parisienne chaque pomme de terre et y mettre un escargot.

Beurre aux fines herbes

125 ml (¹/₂ tasse)	beurre salé
30 ml (2 c. à soupe)	fines herbes hachées (estragon, persil, cerfeuil)
5 ml (1 c. à thé)	jus de citron
au goût	poivre du moulin
5 ml (1 c. à thé)	gousse d'ail hachée

Pour le beurre
- Préparer le beurre aux fines herbes en mélangeant tous les ingrédients au robot et pulser quelques minutes.
- Déposer un peu de beurre aux fines herbes sur les escargots et cuire au four quelques minutes à 350 °F (180 °C). *5-10 min.*
- Servir aussitôt.

Pour un cocktail dînatoire, prévoyez au moins une douzaine de bouchées chaudes et froides et même d'autres bouchées sucrées en guise de dessert.

Sashimi de thon aux pousses biologiques

200 g (6,5 oz)	thon frais
5 ml (1 c. à thé)	raifort japonais (wasabi)
30 g (1 oz)	gingembre mariné
100 g (3,5 oz)	pousses de radis
100 g (3,5 oz)	pousses de tournesol
30 g (1 oz)	fèves germées
1	endive rouge coupée en julienne
5	feuilles de nori (pour sushi)

- Détailler le thon en tranche de 9 cm de longueur par 2,5 cm largeur et ¹/₂ cm d'épaisseur (3,5 po x 1 po x ¹/₈ po).
- Déposer cette tranche de thon sur une feuille d'algue de la même taille.
- Délayer le raifort avec un peu d'eau et badigeonner légèrement la surface du thon et y déposer aussi une lamelle de gingembre mariné.
- Faire des petits bouquets avec les pousses, les fèves germées et l'endive rouge en julienne et déposer à plat sur le thon puis enrouler.
- Les légumes doivent être de 4 cm (1,5 po) de longueur de façon à dépasser le thon lorsque vous les enroulez.

Wontons frits au porc, sauce au lait de coco et arachides

Farce de porc

250 g (¹/₂ lb)	porc haché
1	oignon moyen
1	gousse d'ail
45 ml (3 c. à soupe)	coriandre
30 ml (2 c. à soupe)	gingembre frais
au goût	sel, poivre
1	paquet (vert) de pâtes wonton

Pour la farce
- Hacher l'oignon, l'ail finement, la coriandre et le gingembre, mélanger avec le porc puis assaisonner.

Sauce aux arachides

30 ml (2 c. à soupe)	oignon haché
15 ml (1 c. à soupe)	gingembre haché
1	piment fort
15 ml (1 c. à soupe)	huile d'arachide
125 ml (¹/₂ tasse)	saké ou bouillon de poulet
400 ml (1 ²/₃ tasse)	lait de coco
30 ml (2 c. à soupe)	beurre d'arachide
30 ml (2 c. à soupe)	soya
1	pincée de paprika
15 ml (1 c. à soupe)	coriandre fraîche

Pour la sauce
- Faire revenir l'oignon avec le gingembre et le piment fort dans l'huile d'arachide.
- Mouiller avec le saké et réduire de moitié. Ajouter le lait de coco.
- Amener à ébullition et ajouter le beurre d'arachide. Bien mélanger. Ajouter le soya et le paprika. Réduire du tiers et ajouter la coriandre hachée.

Cuisson et finition
- Déposer 5 ml (1 c. à thé) de farce de porc au milieu des feuilles de pâtes wonton. Badigeonner le contour de la pâte avec un peu d'eau pour faire coller. Rouler et fermer les bouts en pressant.
- Frire les wontons dans l'huile à 350 °F (180 °C) et servir aussitôt avec la sauce aux arachides.

Parfait de foies blonds de caille et chutney de pommes Cortland et ananas. (Pour 4 personnes)

Parfait de foies blonds de caille

500 g (1 lb)	foies de volaille ou foies blonds de caille
250 ml (1 tasse)	lait
250 ml (1 tasse)	crème 35 %
4	œufs
1	gousse d'ail hachée
30 ml (2 c. à soupe)	calvados
30 ml (2 c. à soupe)	noix de pin
10 ml (2 c. à thé)	sel
au goût	sel, poivre

Chutney de pommes et ananas

100 g (1 tasse)	oignon rouge haché
30 ml (2 c. à soupe)	huile végétale
200 g (1 tasse)	ananas
3	pommes moyennes Cortland
45 ml (3 c. à soupe)	miel
30 ml (2 c. à soupe)	vinaigre de cidre
200 ml (²/3 tasse)	cidre de pomme
60 ml (¹/4 tasse)	canneberges séchées
2,5 ml (1 pincée)	cinq épices chinois
au goût	sel, poivre

Pour le parfait
• Parer les foies de volaille ou de caille et retirer le fiel entre les lobes.
• Passer au mélangeur à haute vitesse, les foies, le lait, la crème, les œufs et l'ail haché.
• Fouler au chinois, ajouter le calvados et les noix de pin, assaisonner.
• Chemiser une terrine de verre de 21 cm de long x 12 cm de large et 6,5 cm de hauteur (8,5 po x 4,5 po x 2,5 po) avec une pellicule de plastique, verser l'appareil à parfait et déposer la terrine sur une lèchefrite plus grande. Remplir d'eau à mi-hauteur et cuire au bain-marie environ 1 h 15 minutes à 325 °F (160 °C).
• Pour vérifier la cuisson, enfoncer la lame d'un couteau au milieu du parfait, si elle en ressort sèche, sans particule de foie, le parfait est cuit.

Pour le chutney
• Faire revenir l'oignon dans l'huile végétale jusqu'à ce qu'il soit transparent.
• Ajouter l'ananas et les pommes, préalablement coupés en petits dés, continuer à cuire 5 minutes. Verser le miel, le vinaigre, le cidre et les canneberges séchées.
• Ajouter la pincée de cinq épices chinois.
• Cuire 30 minutes à feu doux et laisser refroidir.

Finition et présentation
• Servir le parfait accompagné du chutney, de tranches de brioche ou de pain grillé.

Pour que le parfait cuise uniformément, mettez une épaisseur de 1 cm (¹/4 po) de papier journal dans le fond de la lèchefrite avant de mettre l'eau. Ce petit truc vaut aussi pour les terrines, les flans, les ramequins.

Suprême et cuisse de caille de Cap-Saint-Ignace, salade de spaghettini et d'artichauts au pesto. (Pour 4 personnes)

Suprême de caille et sa cuisse confite

2	cailles extra jumbo ou 4 petites
15 ml (1 c. à soupe)	thym frais
	quelques brindilles de romarin
250 ml (1 tasse)	gras de canard
10 ml (2 c. à thé)	épices cajun

Pesto

200 ml (³/4 tasse)	huile d'olive
250 ml (1 tasse)	pleine de basilic (feuilles)
1	gousse d'ail
30 ml (2 c. à soupe)	pignons
60 ml (4 c. à soupe)	parmesan frais râpé

Spaghettini et artichauts

2	gros artichauts
1	citron
	eau
300 g (9,5 oz)	spaghettini
	huile d'olive
au goût	sel, poivre

Pour le suprême de caille
• Prélever les deux suprêmes et les deux cuisses de chaque caille.
• Mettre les cuisses avec le thym, le romarin dans le gras de canard à confire pendant 10 minutes, à faible ébullition.
• Saupoudrer les suprêmes d'épices cajun.

Pour le pesto
• Verser dans le bol du robot l'huile d'olive, le basilic, l'ail et les pignons. Pulser 10 secondes puis ajouter le parmesan. Pulser à nouveau et verser dans un petit bol.

Pour la salade de spaghettini
• Tourner deux gros artichauts (voir technique page 15) et trancher les fonds d'artichauts en rondelles fines de 3 mm (¹/8 po).
• Cuire les pâtes al dente et les refroidir sous l'eau froide. Arroser d'un filet d'huile afin qu'elles ne collent pas.
• Mélanger les pâtes avec une partie du pesto et assaisonner.

Cuisson et finition
• Dans un emporte-pièce de 5 cm (2 po), déposer une lamelle d'artichaut et remplir de pâte puis couvrir d'une autre lamelle d'artichaut. Déposer sur des assiettes à la température de la pièce.
• Cuire les suprêmes sur le gril 2 à 3 minutes sur chaque face, les déposer sur les timbales d'artichaut avec une cuisse confite, une croustille de patate bleue et une branche de thym en fleur. Délayer le pesto avec un peu d'huile d'olive.
• Verser en goutte autour de la salade.

Pour faire des belles croustilles de patates bleues, tranchez ces dernières finement sur une mandoline chinoise et rincez à l'eau froide. Épongez-les parfaitement et faites-les frire à 325 °F (160 °C) une minute de chaque côté.

Calmars frits au parmesan et coulis d'olives noires, salade de poivrons grillés à la vinaigrette de tomates jaunes. (Pour 4 personnes)

Calmars

12	*calmars moyens*
30 ml (2 c. à soupe)	*huile d'olive*

Pour les calmars
- Nettoyer les calmars sous l'eau froide, couper les tentacules au-dessus de la tête. Réserver.
- Rincer l'intérieur et retirer le cartilage. Arracher la peau et les ailerons.
- Émincer les calmars en rondelles d'un demi cm (¹/₄ po) d'épaisseur et garder les tentacules complètes.
- Chauffer l'huile d'olive dans une poêle, y faire revenir les calmars 15 secondes ou jusqu'à ce qu'ils blanchissent.
- Éponger sur un papier absorbant.

Panure

80 ml (¹/₃ tasse)	*farine*
80 ml (¹/₃ tasse)	*semoule de maïs fine*
80 ml (¹/₃ tasse)	*chapelure de pain*
250 ml (1 tasse)	*parmesan*
2	*jaunes d'œufs*
250 ml (1 tasse)	*lait*

Pour la panure
- Mélanger la farine, la semoule, la chapelure et le parmesan.
- Battre les jaunes avec le lait.
- Tremper les calmars et les tentacules dans les œufs et le lait et bien égoutter, passer ensuite dans le mélange de chapelure et parmesan.

Coulis d'olives noires

125 ml (¹/₂ tasse)	*olives noires*
5 ml (1c. à thé)	*ail haché*
15 ml (1 c. à soupe)	*vinaigre de vin*
30 ml (2 c. à soupe)	*eau*
15 ml (1 c. à soupe)	*huile d'olive*

Pour le coulis
- Passer au mélangeur les olives, l'ail et le vinaigre, ajouter l'eau et réduire en purée à vitesse maximum, puis verser l'huile d'olive en filet.

Vinaigrette de tomates jaunes

6	*tomates citron*
30 ml (2 c. à soupe)	*vinaigre de xérès*
60 ml (4 c. à soupe)	*huile d'olive*

Pour la vinaigrette
- Vider l'intérieur de quatre tomates et réserver pour la présentation.
- Mettre dans le bol du mélangeur les deux tomates restantes avec les parures des tomates vidées et pulser. Ajouter le vinaigre et verser l'huile doucement puis assaisonner. Réserver.

Salade de poivrons grillés

1	*poivron rouge moyen*
1	*poivron jaune moyen*
12	*têtes de violon*
45 ml (3 c. à soupe)	*vinaigrette de tomates jaunes*
	les 4 tomates citron évidées

Pour la salade
- Déposer les poivrons sur une plaque et les rôtir au four à 450 °F (230 °C) environ 15 minutes pour faciliter le pelage de la peau.
- Nettoyer l'intérieur des poivrons, les aplatir et marquer sur le gril. Tailler en gros triangles.
- Cuire les têtes de violon, les mélanger avec les poivrons et 45 ml (3 c. à soupe) de vinaigrette de tomates jaunes.

Finition et présentation
- Remplir les quatre tomates de salade de poivrons et dresser au milieu des assiettes.
- Frire les calmars dans l'huile bien chaude pas plus de 20 secondes et les déposer autour des tomates avec un cordon de tapenade et de vinaigrette de tomates.

Calmars grillés et aubergine chinoise au basilic thaï, sauce douce au Chili et mangue, oignons frits épicés. (Pour 4 personnes)

Calmars

12	*calmars moyens*
45 ml (3 c. à soupe)	*huile d'olive*
2	*pincées de poivre de cayenne*
au goût	*sel*

Pour les calmars
- Nettoyer et préparer les calmars de la même façon que pour les calmars frits au parmesan. Garder les calmars entiers, ne pas les couper en rondelles.
- Badigeonner avec l'huile d'olive et saupoudrer avec un peu de cayenne. Réserver.

Aubergines

2	*aubergines chinoises*
60 ml (4 c. à soupe)	*huile de sésame grillé*
30 ml (2 c. à soupe)	*basilic thaï*
30 ml (2 c. à soupe)	*soya kinkoman léger*
30 ml (2 c. à soupe)	*eau*

Pour les aubergines
- Couper les aubergines en tronçons de 5 cm (2 po) de longueur et trancher en quatre dans le même sens.
- Faire chauffer une poêle avec l'huile de sésame et saisir doucement les bâtonnets d'aubergines. Ajouter le basilic ciselé et déglacer avec le soya et l'eau, fermer le feu et mettre un couvercle pour terminer la cuisson.

Sauce Chili à la mangue

45 ml (3 c. à soupe)	*sauce douce au Chili*
90 ml (6 c. à soupe)	*purée de mangue*

Pour la sauce
- Mélanger la sauce Chili avec la purée de mangue.

Oignons rouges frits épicés

2	*oignons rouges*
45 ml (3 c. à soupe)	*farine*
2,5 ml (¹/₂ c. à thé)	*poivre de cayenne*
au goût	*sel*

Pour les oignons
- Trancher finement les oignons en rondelles sur une mandoline et passer dans un mélange de farine et poivre de cayenne.
- Frire rapidement 20 à 30 secondes. Débarrasser sur un papier essuie-tout, assaisonner.

Cuisson et présentation
- Marquer les calmars sur le gril 2 minutes de chaque côté, assaisonner. Mettre les calmars sur les assiettes bien chaudes avec les bâtonnets d'aubergines et verser le jus de cuisson au basilic et quelques gouttes de sauce Chili à la mangue et déposer en plein centre un beau buisson d'oignon frit.

Aiguillettes de canard, sauce laquée à l'érable, « Spring rolls » de confit aux vermicelles chinois et baby bock choy. (Pour 4 personnes)

Aiguillettes

Rouleaux de canard « Spring rolls »

1	petite carotte
1	branche de céleri moyenne
1	oignon moyen
250 ml (1 tasse)	chou en julienne
45 ml (3 c. à soupe)	huile d'arachide
5 ml (1 c. à thé)	cari
5 ml (1 c. à thé)	cinq épices chinois
225 g (7 oz)	chair de cuisses de canard confit (voir p. 29)
50 g (1 petit paquet)	vermicelles de riz
30 ml (2 c. à soupe)	eau
30 ml (2 c. à soupe)	farine
4	feuilles de pâte à « Spring rolls » (rouleaux impériaux)

Pour les « Spring rolls »

• Tailler une julienne très fine avec la carotte, le céleri et émincer l'oignon et le chou finement.
• Faire revenir la julienne dans l'huile d'arachide et ajouter le cari et le cinq épices chinois.
• Effilocher le confit de canard et bien le mélanger à la julienne.
• Amener à ébullition un litre d'eau (4 tasses) et y plonger les vermicelles environ 2 minutes, égoutter et refroidir. Hacher grossièrement la moitié des vermicelles.
• Mélanger au reste de la farce et réserver l'autre moitié pour la salade de vermicelles.
• Mélanger l'eau et la farine et fouetter vigoureusement.
• Rouler et coller les rouleaux (de la même façon que pour les rouleaux de mon ami Bounmy, page 85).

Magret

500 g (1 lb)	magret de canard mâle
45 ml (3 c. à soupe)	huile d'olive
au goût	sel, poivre

Pour le magret

• Ciseler la peau du magret. Dans une poêle chauffer l'huile d'olive, saisir du côté de la peau à feu moyen pendant 4 à 5 minutes. Retourner et saisir à nouveau 2 minutes, assaisonner. Finir la cuisson au four sur une petite plaque, 8 minutes à 300 °F (150 °C). Laisser reposer à la température de la pièce. Débarrasser le gras de cuisson de la poêle.

Sauce laquée

30 ml (2 c. à soupe)	sirop d'érable
15 ml (1 c. à soupe)	vinaigre de riz
15 ml (1 c. à soupe)	soya
125 ml (1/2 tasse)	vin blanc
1	gousse ail haché
1	pincée de cinq épices chinois
15 ml (1 c. à soupe)	gingembre
250 ml (1 tasse)	fond de canard (veau)

• Remettre la poêle sur le feu et caraméliser avec le sirop d'érable, déglacer avec le vinaigre de riz, le soya et le vin blanc. Réduire et ajouter l'ail, le cinq épices, le gingembre et le fond de canard et réduire à nouveau du tiers.

Cuisson et finition

• Couper en aiguillettes le magret de canard et déposer les fines tranches sur quatre assiettes. Frire les rouleaux pendant 3 minutes à 350 °F (180 °C) et les couper en biseaux. Déposer près des aiguillettes et napper de sauce laquée.
• Accompagner de baby bok choy et de nouilles wonton frites.

Lasagne au confit de canard et foie gras, sauce au porto et à l'orange. (Pour 4 personnes)

Confit

4	cuisses de canard de Barbarie femelle
60 ml (4 c. à soupe)	gros sel
1 litre (4 tasses)	gras de canard
15 ml (1 c. à soupe)	moutarde sèche
15 ml (1 c. à soupe)	cinq baies
1	branche de thym
1	feuille de laurier

Lasagne au canard confit et foie gras

500 ml (2 tasses)	chair de 4 cuisses de canard confit ou de volaille
30 ml (2 c. à soupe)	gras de canard
15 ml (1 c. à soupe)	thym frais haché
15 ml (1 c. à soupe)	ciboulette ciselée
15 ml (1 c. à soupe)	basilic haché
250 g (^{1}/2 lb)	pâtes à lasagne fraîches aux épinards quelques gouttes d'huile d'olive
4	tranches de 30 g (1 oz) de foie gras de canard
au goût	sel, poivre

Sauce au porto et à l'orange

30 ml (2 c. à soupe)	huile d'olive
15 ml (1 c. à soupe)	échalote grise hachée
80 ml (^{1}/3 tasse)	porto
80 ml (^{1}/3 tasse)	vin rouge
160 ml (^{2}/3 tasse)	jus d'orange
250 ml (1 tasse)	fond de canard, de veau ou 1 boîte de consommé

Pour le confit

- Frotter les cuisses de canard avec le gros sel, mettre au frais 12 heures.
- Rincer doucement à l'eau froide, faire fondre la graisse dans une casserole et mettre les cuisses, la moutarde, les cinq baies, le thym et la feuille de laurier dans la graisse fondue.
- Faire cuire 2 h 30 à 250 °F (125 °C).
- Voir à ce que la graisse bouillonne tout en évitant une ébullition trop forte.

Pour la lasagne

- Effilocher la chair de canard avec une fourchette et ajouter le gras du canard et les herbes, puis assaisonner.
- Découper les pâtes en rectangle de 8 cm x 5 cm (3 ^{1}/2 po x 2 po) et cuire à l'eau bouillante salée avec quelques gouttes d'huile d'olive dans une casserole.
- Monter les lasagnes en alternant 3 couches de pâtes et deux couches de confit de canard.
- Poser les lasagnes sur une petite plaque avec un peu d'eau chaude et recouvrir de papier aluminium. Garder au four à 250 °F (125 °C).

Pour la sauce

- Dans une petite casserole faire revenir dans l'huile d'olive l'échalote.
- Déglacer avec le porto, le vin rouge et le jus d'orange. Laisser réduire de moitié et ajouter le fond de canard. Réduire à nouveau 1 minute, assaisonner.

Cuisson et finition

- Poêler le foie gras et réserver. Déglacer le fond de la poêle avec la sauce.
- Mettre sur chaque assiette une lasagne bien chaude recouverte d'une tranche de foie gras sur le dessus. Napper de sauce et accompagner de suprêmes d'oranges, d'un buisson de poireaux frits, de deux branches de ciboulette chinoise puis de quelques feuilles de basilic.

Avec cette recette, j'ai gagné un grand prix au Festival International de la Télé Gourmande à Deauville en France, au mois de mars 1996. Toute l'équipe de Radio-Canada et moi-même étions très fiers de ce prix.

Déroulé de caribou au foie gras de canard et canneberges, purée de pommes à l'ail doux et portabella grillé. (Pour 4 personnes)

Déroulé de caribou

500 g (1 lb)	fesse de caribou sans os
125 g (¹/4 lb)	foie gras de canard
au goût	sel, poivre

Sauce canneberge

30 ml (2 c. à soupe)	eau
30 ml (2 c. à soupe)	miel
60 ml (¹/4 tasse)	canneberges
2,5 ml (¹/2 c. à thé)	poivre mignonnet
30 ml (2 c. à soupe)	échalotes grises
30 ml (2 c. à soupe)	vinaigrette de framboise
125 ml (¹/2 tasse)	porto
125 ml (¹/2 tasse)	vin rouge
80 ml (¹/3 tasse)	jus d'orange
250 ml (1 tasse)	fond de caribou (veau)

Purée de pommes à l'ail doux

1	tête d'ail
250 ml (1 tasse)	lait
4	pommes Golden (moy.)
30 ml (2 c. à soupe)	jus de citron

Portabella grillé

2 gros	champignons portabella
45 ml (3 c. à soupe)	huile d'olive
au goût	sel, poivre

Pour le déroulé de caribou
- Couper le morceau de caribou en quatre pièces égales.
- Dérouler le muscle pour en faire des escalopes de 12 cm x 7,5 cm (4 ¹/2 po x 3 ¹/4 po).
- Déposer ces escalopes sur des feuilles de papier film 15 cm x 10 cm (10 po x 4 po).
- Escaloper le foie gras en tranches très fines, déposer sur les trois quarts de la surface du caribou, assaisonner et rouler dans le sens le moins large, avec la pellicule et fermer les deux bouts.
- Vous aurez 4 rouleaux d'environ 7,5 cm de longueur x 2,5 cm de diamètre (3 ¹/4 po x 1 po). Réserver au froid.

Pour la sauce canneberge
- Amener à ébullition l'eau, le miel et les canneberges.
- Laisser bouillir 1 minute après l'ébullition et retirer les canneberges avec une cuillère trouée.
- Laisser caraméliser le sirop, ajouter le poivre, l'échalote et le vinaigre de framboise.
- Verser le porto, le vin rouge et le jus d'orange et réduire de moitié.
- Ajouter le fond de caribou et réduire à nouveau d'un tiers puis remettre les baies de canneberges dans la sauce.

Pour la purée de pommes
- Éplucher toutes les gousses de la tête d'ail et dégermer.
- Dans une casserole verser le lait et mettre les gousses d'ail. Cuire à faible ébullition 30 minutes. Pendant ce temps peler les pommes, évider et couper en cubes de 1 cm x 1 cm (¹/2 po x ¹/2 po). Cuire dans une casserole avec le jus de citron, à feu doux jusqu'à l'évaporation de l'eau de végétation (30 minutes environ).
- Ajouter les gousses d'ail aux pommes et réduire en purée au mélangeur.

Pour les portabella
- Enlever les pieds et gratter les lamelles sous le chapeau du champignon.
- Faire de belles escalopes circulaires assez minces, 2 mm (¹/16 po). Badigeonner généreusement d'huile d'olive, assaisonner et marquer sur le gril 10 secondes de chaque côté.

Cuisson et finition
- Trancher trois morceaux de caribou par rouleau et saisir dans une poêle antiadhésive sur les deux faces et assaisonner puis finir au four 5 minutes à 300 °F (150 °C).
- Étaler les rondelles de champignons au fond des assiettes. Déposer 30 ml (2 c. à soupe) de purée de pommes au milieu, mettre ensuite 3 morceaux de caribou et verser la sauce autour. Ajouter quelques canneberges sur la sauce et insérer un bouquet de laitue dans la purée de pommes. Couronner le tout d'une croustille de pomme salée.

Nougat glacé au coulis de canneberges et fruits séchés confits. (Pour 4 personnes)

Nougatine

80 ml (¹/3 tasse)	crème 35 %
80 ml (¹/3 tasse)	eau
160 ml (²/3 tasse)	sucre
375 ml (1 ¹/2 tasse)	amandes effilées

Meringue italienne

250 ml (1 tasse)	sucre
60 ml (¹/4 tasse)	eau
4	blancs d'œufs
1	pincée de sel

Garniture

500 ml (2 tasses)	crème 35 %
250 ml (1 tasse)	sucre
250 ml (1 tasse)	eau
150 g (environ 1 tasse)	fruits séchés (canneberges, bleuets, cerises, mangues ou abricots)
80 ml (¹/3 tasse)	Sortilège à l'érable

Coulis de canneberges

375 ml (1 ¹/2 tasse)	jus d'orange
125 ml (¹/2 tasse)	sucre
375 ml (1 ¹/2 tasse)	canneberges

Pour la nougatine
- Faire un caramel avec la crème, l'eau et le sucre 8 à 10 minutes. Ajouter les amandes au dernier moment.
- Sur une table étendre une couche de nougatine entre 2 feuilles de papier ciré et aplatir avec un rouleau à pâtisserie pour l'amincir. Laisser durcir à la température de la pièce.
- Passer la nougatine au robot pour obtenir une texture granuleuse.

Pour la meringue
- Faire un sirop avec le sucre et l'eau et cuire à 250 °F (121 °C) au thermomètre à bonbon 10 minutes.
- À l'aide d'une mixette, monter les blancs en neige en pics fermes avec une pincée de sel.
- Ajouter le sirop tout en mélangeant quelques minutes ou jusqu'à ce que la meringue refroidisse.

Pour la garniture
- Fouetter la crème et l'incorporer délicatement à la meringue.
- Amener à ébullition le sucre, l'eau et les fruits séchés, refroidir et égoutter. Ajouter ces fruits, la nougatine broyée et le Sortilège à l'érable à la meringue.
- Tapisser le fond d'une terrine avec une pellicule de plastique et verser l'appareil à l'intérieur ou remplir des petits moules individuels (ramequins) d'appareil à nougat.
- Mettre au congélateur pendant un minimum de 3 heures.

Pour le coulis
- Amener le jus d'orange et le sucre à ébullition avec les canneberges. Cuire quelques minutes et passer au mélangeur puis au tamis.

Finition et présentation
- Démouler la terrine ou les ramequins en les trempant quelques secondes dans l'eau chaude. Déposer une portion sur chaque assiette. Verser le coulis autour du nougat glacé et décorer avec une tuile aux noisettes, une variété de petits fruits et du sucre filé.

Pour simplifier cette recette, vous pouvez très bien faire votre meringue habituelle sauf que sa conservation sera moins longue et sa texture moins onctueuse.

LE CAVIAR: Plusieurs vous diront que manger du caviar est du snobisme. Peut-être en est-il ainsi pour certains, mais je peux vous assurer que vous devriez tenter l'aventure car déguster le caviar est un véritable plaisir intense entre votre langue et votre palais. Étirez le plaisir le plus longtemps, vous ne le regretterez pas.

Soupe d'huîtres aux poireaux et vermicelles de riz chinois avec croûtons de caviar d'Abitibi. (Pour 4 personnes)

Soupe d'huîtres

Soupe d'huîtres

24	huîtres
30 ml (2 c à soupe)	échalotes grises
250 ml (1 tasse)	1 poireau moyen
30 ml (2 c. à soupe)	beurre fondu
250 ml (1 tasse)	vin
500 ml (2 tasses)	fumet de poisson
250 ml (1 tasse)	crème 35 %
1 petit paquet (50 g)	vermicelles de riz chinois
au goût	poivre et paprika

Croûtons

60 ml (4 c. à soupe)	crème 35 %
5 ml (1 c. à thé)	jus de citron
au goût	sel, poivre
12	petits croûtons
30 g (1 oz)	caviar canadien

Pour la soupe

• Ouvrir les huîtres, garder le jus et le passer au tamis.
• Hacher les échalotes grises, couper les poireaux en deux, nettoyer et émincer.
• Dans une casserole fondre le beurre. Ajouter les échalotes, les poireaux et faire revenir 2 minutes puis ajouter le vin, le fumet et le jus d'huîtres.
• Amener à ébullition et pocher les huîtres dans ce bouillon, 1 minute.
• Retirer les huîtres et réduire le bouillon de moitié. Ajouter la crème et réduire à nouveau 10 minutes.
• Pendant ce temps, cuire les vermicelles à l'eau bouillante 5 minutes, puis refroidir et égoutter.

Pour les croûtons

• Fouetter la crème avec le jus de citron et assaisonner.
• Tartiner les croûtons de cette crème et garnir de caviar.

Finition et présentation

• Verser la soupe dans des bols très chauds et garnir de six huîtres.
• Déposer un petit buisson de vermicelles au centre des assiettes et décorer d'une fleur comestible. Servir aussitôt avec les croûtons de caviar.

Tartare d'huîtres au caviar russe.
(Pour 4 personnes)

Tartare d'huîtres

24	huîtres
30 ml (2 c. à soupe)	jus d'huîtres
60 ml (4 c. à soupe)	huile de basilic (voir page 15)
30 ml (2 c. à soupe)	échalotes grises (hachées finement)
15 g (½ oz)	caviar russe
30 ml (2 c. à soupe)	jus de citron (fraîchement pressé)
au goût	sel et poivre du moulin

• Ouvrir les huîtres et les retirer des coquilles. Réserver un peu de leur jus.
• Hacher les huîtres et mettre dans un petit cul-de-poule. Ajouter l'huile de basilic, les échalotes et le caviar, assaisonner légèrement avec le sel et bien poivrer. Mélanger délicatement.
• Ajouter le jus de citron et un peu de jus d'huîtres juste avant de servir.

Présentation

• Mettre le tartare d'huîtres dans les 12 plus belles coquilles. Il est important de servir le tartare bien froid avec de petites cuillères à espresso.

Rôti de foie de veau au vinaigre et à l'échalote, risotto aux mousserons et morilles. (Pour 4 personnes)

Rôti de foie

500 g (1 lb)	foie de veau
15 ml (1 c. à soupe)	poivre mignonnette

Pour les rôtis de foie

- Détailler le foie en 4 morceaux de 2,5 cm d'épaisseur x 7 cm de longueur (1 po x 3 po) (environ 125 g chacun ou 1/4 lb).
- Saupoudrer les petits rôtis de poivre mignonnette.
- Réserver pour la cuisson.

Risotto

375 ml (1 1/2 tasse)	riz arborio
30 ml (2 c. à soupe)	beurre
30 ml (2 c. à soupe)	échalotes grises
1,5 litre (6 tasses)	bouillon de volaille

Pour le risotto

- Faire revenir le riz dans le beurre avec les échalotes grises jusqu'à ce qu'il devienne translucide (3 minutes).
- Ajouter 2 tasses de bouillon et cuire jusqu'à évaporation du liquide en mélangeant souvent avec une cuillère de bois.
- Remouiller à nouveau avec 2 autres tasses de bouillon et cuire 10 minutes puis ajouter le reste du liquide. Le riz est cuit lorsque le bouillon est complètement évaporé, il doit résister légèrement sous la dent. Assaisonner et réserver.

Sauce

30 ml (2 c. à soupe)	huile
1	noisette de beurre
3	échalotes grises émincées
30 ml (2 c. à soupe)	cognac
80 ml (1/3 tasse)	vin blanc
30 ml (2 c. à soupe)	vinaigre xérès
250 ml (1 tasse)	fond de veau

Pour la sauce

- Dans une poêle, chauffer l'huile et ajouter le beurre. Saisir les rôtis sur les deux faces. Terminer la cuisson au four 8 minutes à 300 °F (150 °C) sur une petite tôle.
- Enlever le gras de cuisson et remettre la poêle sur le feu.
- Faire revenir les échalotes, flamber avec le cognac et mouiller avec le vin blanc et le vinaigre de xérès.
- Réduire de moitié et ajouter le fond de veau.
- Retirer les rôtis du four.

Garniture pour le risotto

30 ml (2 c. à soupe)	huile
1	noisette de beurre
250 ml (1 tasse)	morilles
250 ml (1 tasse)	mousserons
250 ml (1 tasse)	parmesan regiano (finement râpé)

Cuisson et finition

- Chauffer le riz légèrement, ajouter le parmesan.
- Poêler les champignons dans l'huile et le beurre, incorporer au risotto.
- Rectifier l'assaisonnement et verser le risotto sur quatre assiettes chaudes.
- Émincer les rôtis, qui doivent être rosés. Disposer en éventail près du riz, napper de sauce et décorer avec un bouquet de mini-cresson et une fleur comestible.

Filet de truite au shiitake, infusion de champignons au soya et gingembre, chop suey aux légumes. (Pour 4 personnes)

Filets de truite

500 g (1 lb)	ou 4 filets de truite moyens
8	têtes de champignons shiitake escalopées
au goût	sel, poivre

Pour les filets de truite
- S'assurer qu'il ne reste aucune arrête dans les filets.
- Glisser la lame d'un couteau bien tranchant entre la peau et la chair de poisson pour en retirer la peau.
- Mettre ce côté du filet face à vous, inciser la chair en biais de façon à pouvoir insérer des lamelles de shiitake, assaisonner et réserver.

Infusion

750 ml (3 tasses)	champignons de Paris le pied des champignons shiitake
1/2	gousse d'ail
15 ml (1 c. à soupe)	gingembre
1	bâton de citronnelle fraîche
30 ml (2 c. à soupe)	huile d'arachide
250 ml (1 tasse)	saké
125 ml (1/2 tasse)	crème 35 %
30 ml (2 c. à soupe)	soya
au goût	poivre du moulin

Pour l'infusion
- Émincer les champignons.
- Hacher finement l'ail, le gingembre et la citronnelle.
- Faire revenir tous ces ingrédients dans une casserole dans l'huile d'arachide.
- Mouiller avec le saké et réduire de moitié.
- Ajouter la crème et le soya, cuire quelques minutes. Assaisonner.

Chop suey

1	oignon moyen
1	poivron rouge moyen
250 ml (1 tasse)	champignons de Paris
250 ml (1 tasse)	pois mange-tout
500 g (1 lb)	fèves germées (1 paquet)
30 ml (2 c. à thé)	huile d'arachide
30 ml (2 c. à thé)	soya
au goût	poivre du moulin

Pour le chop suey
- Émincer l'oignon.
- Épépiner le poivron et émincer.
- Émincer les champignons équeutés et blanchir les pois mange-tout.
- Dans un wok, sauter vivement tous les légumes dans l'huile d'arachide.
- Déglacer avec un peu de soya. Assaisonner.

Cuisson et présentation
- Dans une poêle antiadhésive, avec un peu d'huile d'arachide, saisir les filets en commançant du côté des champignons. Tourner et cuire 2 minutes.
- Mettre le chop suey sur quatre assiettes, et y déposer les filets. Verser la sauce en cordon autour des filets. Décorer avec une croustille de peau de truite et des pousses de petits pois.

Le shiitake est un champignon d'origine japonaise, merveilleux pour parfumer soupes et bouillons. Pour cette recette, on peut l'utiliser frais ou séché pour l'infusion.

Mourir de chocolat
(Pour 8 personnes)

Crème brûlée

700 ml (2 ³/4 tasses)	crème 35 %
15 ml (1 c. à soupe)	zeste d'une orange
30 ml (2 c. à soupe)	Triple Sec
6	jaunes d'œufs
160 ml (²/3 tasse)	sucre granulé
375 ml (1 ¹/2 tasse)	chocolat noir râpé
80 ml (¹/3 tasse)	sucre

Tuiles

125 ml (¹/2 tasse)	glucose au sirop de maïs blanc
125 ml (¹/2 tasse)	sucre
125 ml (¹/2 tasse)	beurre en petits cubes
30 ml (2 c. à soupe)	cacao
200 ml (³/4 tasse)	noisettes hachées

Sorbet cacao

400 ml (1 ²/3 tasse)	eau
125 ml (¹/2 tasse)	sucre
60 ml (¹/4 tasse)	sirop de maïs blanc ou glucose
30 ml (2 c. à soupe)	cacao
80 ml (¹/3 tasse)	chocolat mi-amer fondu
15 ml (1 c. à soupe)	rhum

Pour la crème brûlée

- Dans une casserole, infuser la crème avec le zeste d'orange et le Triple Sec. Amener à ébullition.
- Pendant ce temps, blanchir les jaunes d'œufs avec le sucre en les fouettant vigoureusement.
- Verser la crème infusée sur les jaunes d'œufs et bien remuer. Cuire doucement jusqu'à épaississement. Ajouter le chocolat et lorsque celui-ci est complètement fondu, vider le contenu dans 8 petits ramequins. Refroidir.
- Saupoudrer de sucre la surface des crèmes et brûler à l'aide d'un chalumeau.

Pour les tuiles

- Chauffer le glucose en ajoutant peu à peu le sucre. Y incorporer le beurre puis amener à ébullition. Retirer du feu, ajouter le cacao et les noisettes hachées et continuer à remuer. Laisser refroidir à la température de la pièce.
- Faire des petites boules de 1 ¹/2 cm (⁵/8 po) et les déposer sur un papier ciré (ou silpat) en gardant 3 cm (1 ³/16 po) de distance entre chaque boule.
- Cuire au four à 350 °F (180 °C) 3 à 5 minutes.

Pour le sorbet

- Faire bouillir l'eau en y incorporant le sucre et le sirop de maïs.
- Ajouter le cacao peu à peu et amener à ébullition, ajouter le chocolat fondu et le rhum. Refroidir.
- Verser dans une sorbetière et turbiner. Placer au congélateur.

Finition et présentation

- Déposer une crème brûlée sur chaque assiette, faire des quenelles de sorbet au chocolat avec deux cuillères à soupe et les déposer dans les assiettes. Garnir de tuiles croquantes, de cubes de papaye confite et d'une fleur d'oranger.

Pour réussir parfaitement à brûler le sucre, le chalumeau (acheté à la quincaillerie) est l'article tout indiqué.

Choco-sushi
(Pour 6 personnes)

Riz

250 ml (1 tasse)	riz
1 litre (4 tasses)	eau
125 ml (¹/2 tasse)	sucre
1	gousse de vanille
1	pincée de sel
	zeste d'une demi-orange
1	petit bâton de cannelle
250 ml (1 tasse)	crème 35 %
125 ml (¹/2 tasse)	chocolat blanc râpé
30 ml (2 c. à soupe)	rhum

Garniture pour 3 rouleaux

1	mangue
8	grosses fraises
12	feuilles de menthe

Couverture de chocolat

500 ml (2 tasses)	chocolat couverture noir râpé

Sauce au chocolat

250 ml (1 tasse)	eau
250 ml (1 tasse)	sucre
80 ml (¹/3 tasse)	sirop de maïs
250 ml (1 tasse)	cacao

Il est important de cuire le riz à faible ébullition.
Si l'eau s'évapore trop vite, le riz n'aura pas le temps de cuire.
En refroidissant, s'il n'est pas assez cuit, il durcit.

Pour le riz

- Dans une casserole à fond épais antiadhésive de préférence, mettre le riz à cuire avec l'eau et le sucre. Couper la gousse de vanille en deux sur la longueur avec la lame d'un petit couteau et gratter. Enlever les graines et les mettre dans la casserole avec la pincée de sel, le zeste d'orange et le bâton de cannelle.
- Remuer souvent avec une spatule de bois et cuire à faible ébullition.
- Lorsque l'eau est complètement absorbée par le riz (15 à 20 minutes), ajouter la crème et cuire à nouveau 15 minutes. Retirer du feu et ajouter le chocolat blanc et le rhum. Refroidir.

Pour la garniture

- Sur un tapis à sushi, appliquer une pellicule de plastique et étendre une couche de risotto sur les trois quarts de la surface.
- Peler la mangue et couper de longues lanières. Tailler une julienne de fraises.
- Déposer les fruits au centre du riz avec quelques feuilles de menthe, rouler et bien presser. Répéter l'opération pour les deux autres rouleaux.
- Laisser reposer 1 heure au froid.
- Fondre les deux tiers du chocolat couverture, au bain-marie puis ajouter le reste du chocolat. Cette étape est faite dans le but de garder le chocolat croquant au moment du refroidissement.
- À l'aide d'une spatule étendre une fine couche de chocolat fondu sur une pellicule de plastique sur laquelle vous déposez le rouleau de riz. Rouler et refermer les bouts. Répéter l'opération pour les autre rouleaux. Réfrigérer.

Pour la sauce

- Amener à ébullition l'eau, le sucre et le sirop de maïs. Ajouter le cacao et faire bouillir à nouveau quelques minutes puis passer au tamis.

Finition et présentation

- Couper les rouleaux en deux puis recouper chaque morceau en deux en tranchant en biseau. Déposer les rouleaux sur les assiettes avec un petit plat de sauce au chocolat.

chocolat

Gâteau fondant au chocolat
(Pour 8 personnes)

Gâteau fondant

4	œufs
200 ml (³/4 tasse)	sucre
125 ml (¹/2 tasse)	farine
200 ml (³/4 tasse)	chocolat noir fondu
125 ml (¹/2 tasse)	beurre doux fondu

Enfariner les moules avec...

30 ml (2 c. à soupe)	beurre
30 ml (2 c. à soupe)	farine
30 ml (2 c. à soupe)	cacao

Pour les gâteaux
- Préchauffer votre four à 425 °F (215 °C).
- Dans un bol, blanchir les œufs avec le sucre à la mixette.
- Saupoudrer la farine tamisée sur les œufs blanchis et mélanger 1 minute à basse vitesse.
- Fondre le chocolat au bain-marie avec le beurre doux en mélangeant bien pour obtenir une consistance onctueuse.
- Incorporer le mélange chocolat/beurre à celui d'œufs/farine. Mélanger à vitesse moyenne 2 à 3 minutes. Réfrigérer au moins 4 heures.
- Beurrer et enfariner 8 espaces d'un moule à muffins de 6 cm (2 ³/8 po) de circonférence. Déposer 60 ml (4 c. à soupe) de pâte par moule.
- Pendant 7 minutes, cuire au four à 425 °F (215 °C). Ils seront prêts lorsque le tour sera cuit et le centre encore fondant.

Présentation
- Saupoudrer de sucre glace à la sortie du four et décorer avec des gadelles ou autres petits fruits. Servir aussitôt.

Pour un bon résultat, il faut un bon chocolat contenant 50 % et plus de cacao tel le Valhrona, que l'on retrouve dans les épiceries fines.
Pour qu'il fonde rapidement et uniformément, coupez-le d'abord en petits morceaux.

Croustillant au pralin et chocolat blanc parfumé au thym.
(Pour 8 personnes)

Croustillant au pralin

Biscuits succès

300 ml (1 ¹/4 tasse)	sucre
160 ml (²/3 tasse)	poudre de noisettes ou amandes
45 ml (3 c. à soupe)	farine tamisée
5	blancs d'œufs
125 ml (¹/2 tasse)	sucre

Pour les biscuits succès
- Mélanger les 300 ml (1 ¹/4 tasse) de sucre avec la poudre de noisettes et la farine.
- Monter les blancs d'œufs en neige avec le sucre.
- Incorporer doucement le premier mélange à la meringue.
- Étendre cette pâte sur une tôle à pâtisserie de 28 cm x 40 cm (11 po x 15 ³/4 po).
- Cuire environ 12 minutes au four à 350 °F (180 °C) jusqu'à faible coloration.
- Découper un cercle de 25 cm (9 ³/4 po) de diamètre et déposer au fond d'un moule à charnière de la même grandeur. Réserver.

Pralin

200 ml (³/4 tasse)	chocolat blanc râpé
250 ml (1 tasse)	beurre de noisettes
500 ml (2 tasses)	pailleté, flocons de maïs ou riz soufflé croquant

Pour le pralin
- Faire fondre le chocolat blanc au bain-marie.
- Mélanger le beurre de noisettes au chocolat fondu et ajouter le pailleté.
- Étendre sur les biscuits dans le moule à charnière à l'aide d'une petite spatule coudée.

Mousse au chocolat blanc et thym

125 ml (¹/2 tasse)	crème fouettée
30 ml (2 c. à soupe)	thym frais haché
750 ml (3 tasses)	chocolat blanc râpé
125 ml (¹/2 tasse)	crème 35 % fouettée

Pour la mousse
- Faire bouillir la crème avec le thym, laisser infuser 10 minutes. Mettre le chocolat blanc dans un bol en inox et y verser la crème parfumée sur le chocolat puis bien mélanger.
- Quand le chocolat est à la température de la pièce, incorporer la crème fouettée.
- Verser le mélange sur le croustillant et réfrigérer à nouveau.

Présentation
- Démouler et servir en pointes avec une branche de thym en fleur.

Le pralin est une purée d'amandes ou de noisettes utilisée dans la confection de plusieurs desserts comme ce croustillant au pralin qui vous amènera au septième ciel.

crevette

Brochette de crevettes roses géantes des « Keys », salsa à l'avocat et coulis de poivrons rouges. (Pour 4 personnes)

Brochette de crevettes

12	crevettes géantes
8	bâtonnets de bois
30 ml (2 c. à soupe)	huile végétale
au goût	sel, poivre

Pour les crevettes

- Ouvrir les crevettes en papillon par le côté des pattes sans les couper complètement.
- Embrocher une série de 3 crevettes parallèles avec deux bâtonnets de bois sous la carapace.
- Badigeonner les brochettes d'huile et assaisonner.

Salsa à l'avocat

3	grosses tomates
2	avocats mûrs
30 ml (2 c. à soupe)	d'oignons rouges hachés
30 ml (2 c. à soupe)	huile d'olive
30 ml (2 c. à soupe)	coriandre fraîche
	jus d'une demi-lime
au goût	sauce tabasco au japalenos verte

Pour la salsa

- Couper les tomates et les avocats en dés.
- Mélanger avec les oignons hachés et ajouter l'huile, la coriandre, le jus de lime et la sauce tabasco verte.
- Rectifier l'assaisonnement.

Coulis de poivrons rouges

500 ml (2 tasses)	jus de 5 poivrons rouges
5 ml (1 c. à thé)	vinaigre de xérès
15 ml (2 c. à soupe)	huile d'olive
au goût	sel, poivre

Pour le coulis de poivrons

- Passer les poivrons épépinés à l'extracteur à jus pour obtenir 500 ml (2 tasses) de jus.
- Dans une petite casserole amener le jus de poivrons à ébullition puis baisser le feu à médium. Réduire jusqu'à 200 ml (3/4 tasse) de jus, soit environ 15 minutes.
- Ajouter le vinaigre et l'huile, rectifier l'assaisonnement et mélanger vigoureusement à l'aide d'un fouet.

Cuisson et finition

- Mettre les brochettes sur le gril (côté carapace en dessous). Cuire 3 minutes puis retourner et cuire 2 autres minutes.
- Verser la salsa sur les assiettes, chevaucher les brochettes sur celle-ci et verser le coulis autour.
- Décorer avec quelques feuilles de coriandre fraîche.

LE DORÉ: Mon père aurait fait beaucoup de chemin pour manger un filet de doré. Il le pêchait à la pointe Saint-Charles, sur l'île de Montréal avec son père dans les années 40. À cette époque, le fleuve regorgeait de poissons comme l'anguille et l'esturgeon. Il m'a raconté d'ailleurs qu'il nous amenait mon frère et moi sur le quai dans un pousse-pousse et déposait ses captures sur la petite tablette métallique près des roues. C'est sûrement là où j'ai appris à reconnaître l'odeur du poisson frais!

Le doré a une chair blanche, fine et ferme. Je suggère ici de lever les filets ainsi que la peau et de bien enlever les arêtes à l'aide d'une pince. Il est meilleur au printemps et à l'automne car les eaux sont plus froides.

Doré frais à la fondue d'agrumes et boutons d'asclépiades. (Pour 4 personnes)

Dorés

2	dorés de 750 g (1 ¹/2 lb) chacun
45 ml (3 c. à soupe)	huile d'olive
1	noisette de beurre
au goût	sel, poivre

Fondue d'agrumes

1	citron
1	citron vert
2	oranges
1	pamplemousse rose
125 ml (¹/2 tasse)	huile d'olive
au goût	sel, poivre

Boutons d'asclépiades

20	boutons
30 ml (2 c. à soupe)	huile d'olive
au goût	sel, poivre

Pour peler à vif, coupez l'écorce des agrumes avec un couteau bien aiguisé sans toucher la pulpe du fruit.

Pour les dorés
- *Ébarber les dorés et lever les filets.
- Retirer les arêtes et la peau sous le filet. Assaisonner et réserver.

Pour la fondue
- Peler à vif les citrons, les oranges et le pamplemousse.
- Prélever les suprêmes des fruits et déposer dans un plat creux.
- Presser la partie dont vous avez prélevé les suprêmes pour en extraire le jus que vous verserez sur les agrumes.
- Ajouter l'huile d'olive, le sel et le poivre et laisser mariner 30 minutes.
- Chauffer la marinade jusqu'à ce qu'elle soit tiède puis réserver.
- Retirer les suprêmes d'agrumes avec une cuillère à trous.
- Fouetter vigoureusement la marinade et remettre les agrumes.

Pour les boutons d'asclépiades
- Blanchir les boutons d'asclépiades 1 minute à l'eau bouillante salée, égoutter puis sauter à l'huile d'olive. Assaisonner.

Cuisson et finition
- Cuire les filets 2 minutes de chaque côté dans une poêle antiadhésive avec l'huile d'olive et une noisette de beurre.
- Servir aussitôt avec la fondue d'agrumes et les boutons d'asclépiades.

Présentation
- Décorer avec du feuillage et une fleur de capucine.

* Ébarber consiste à couper les nageoires avec un ciseau à poisson.

Pomme à la crème brûlée à l'érable.
(Pour 8 personnes)

Sirop vanillé
1 litre (4 tasses)	*eau*
500 ml (2 tasses)	*sucre*
	le jus d'un citron
1	*gousse de vanille coupée en deux*

Pour le sirop
- Faire un sirop avec l'eau, le sucre, le citron et la vanille et amener à ébullition.

Pommes
8	*pommes Golden*
	le sirop vanillé
30 ml (2 c. à soupe)	*beurre clarifié*
125 ml (1/2 tasse)	*noisettes moulues*
125 ml (1/2 tasse)	*pistaches moulues*

Pour les pommes
- Pendant ce temps, éplucher les pommes et creuser un espace à l'intérieur pour pouvoir y verser assez d'appareil à crème brûlée.
- Cuire les pommes dans le sirop 3 à 4 minutes, avec une assiette en guise de couvercle pour garder les pommes immergées dans le sirop. Retirer du feu et laisser refroidir.
- Retirer les pommes du sirop et sécher, les badigeonner avec le beurre clarifié et rouler les pommes dans le mélange de noisettes et de pistaches moulues.

Crème brûlée à l'érable
500 ml (2 tasses)	*crème 35 %*
125 ml (1/2 tasse)	*sirop d'érable pur*
6	*jaunes d'œufs*
80 ml (1/3 tasse)	*sucre d'érable*
15 ml (1 c. à soupe)	*fécule*
15 ml (1 c. à soupe)	*eau*
60 ml (4 c. à soupe)	*sucre d'érable (pour brûler)*

Pour la crème
- Pour l'appareil à crème brûlée, chauffer la crème avec le sirop d'érable. Blanchir les jaunes d'œufs avec le sucre d'érable. Verser la crème chaude sur les jaunes d'œufs, ajouter la fécule et délayer avec 15 ml (1 c. à soupe) d'eau froide. Cuire en brassant avec une cuillère de bois jusqu'au premier signe d'ébullition. La crème doit napper la cuillère.

Finition
- Passer la crème au tamis et verser dans les pommes.
- Mettre le tout au réfrigérateur environ trois heures.
- Saupoudrer ensuite de sucre d'érable et brûler au chalumeau.

Présentation
- Décorer avec des brochettes de fruits frais, une tuile aux noisettes et du sucre filé.

Pour réussir cette crème brûlée, remarquez que vous ne devez pas la faire bouillir mais plutôt la faire cuire lentement pour éviter la formation des grumeaux.

Soufflé à l'érable et Sortilège.
(Pour 4 à 6 personnes)

Sirop
250 ml (1 tasse)	*sirop d'érable*

Pour le sirop
- Amener à ébullition le sirop d'érable et le cuire à 250 °F (121 °C) au thermomètre à bonbon, dans une casserole à rebords élevés.

Soufflé
4	*blancs d'œufs*
1	*pincée de sel*
5 ml (1 c. à thé)	*poudre à pâte*
60 ml (4 c. à soupe)	*Sortilège à l'érable*
30 ml (2 c. à soupe)	*sucre glace (présentation)*
30 ml (2 c. à soupe)	*beurre fondu*
45 ml (3 c. à soupe)	*sucre*

Pour le soufflé
- Pendant ce temps monter les blancs en neige avec la pincée de sel et ensuite verser le sirop chaud en filet sur les blancs comme pour une meringue italienne. Continuer à fouetter jusqu'à refroidissement complet.
- Tamiser la poudre à pâte sur la meringue à l'érable et avec une spatule incorporer délicatement au mélange.
- Beurrer et saupoudrer de sucre les fonds et parois des 4 ramequins de 8 cm (3 1/4 po) de diamètre et verser 15 ml (1 c. à soupe) de Sortilège par ramequin.
- Verser le mélange jusqu'au bord du ramequin, cuire 20 secondes au micro-ondes à 80 % de la puissance puis au four à 425 °F (215 °C) de 8 à 10 minutes.

Présentation
- Saupoudrer de sucre glace. Servir immédiatement avec une glace à l'érable et noix.

Poêlée de foie gras de canard à l'orange sanguine et caramel de vinaigre balsamique, frites de polenta.

(Pour 4 personnes)

Foie gras

350 g (³/4 lb)	1 petit lobe de foie gras de canard
au goût	poivre mignonnette

Pour le foie gras
- Défaire les deux parties du lobe et dénerver.
- Escaloper 4 belles tranches de 90 g (3 oz) chacune et réserver au frigo.

Sauce à l'orange sanguine

3	oranges sanguines ou régulières
125 ml (¹/2 tasse)	porto
125 ml (¹/2 tasse)	fond de canard
au goût	sel, poivre

Pour la sauce
- Presser le jus des oranges et verser dans une casserole avec le porto et réduire de moitié.
- Ajouter ensuite le fond de canard et réduire du tiers. Assaisonner. Réserver.

Caramel de vinaigre balsamique

200 ml (³/4 tasse)	vinaigre balsamique

Pour le caramel
- Dans une casserole, mettre à réduire le vinaigre à douce ébullition jusqu'à consistance sirupeuse (50 ml) (environ ¹/4 tasse).

Polenta

750 ml (3 tasses)	eau
2 ml (¹/2 c. à thé)	sel
125 ml (¹/2 tasse)	semoule de maïs
30 ml (2 c. à soupe)	beurre
80 ml (¹/3 tasse)	parmesan râpé

Pour la polenta
- Faire bouillir l'eau avec le sel, ajouter en pluie la semoule de maïs. Cuire une quinzaine de minutes à feu doux.
- Ajouter le beurre et le fromage râpé, rectifier l'assaisonnement. Verser dans un moule carré de 22 cm x 22 cm x 1 ¹/2 cm d'épaisseur (8 ⁵/8 po x 8 ⁵/8 po x ⁹/16 po). Réfrigérer et tailler en forme de grosses frites.

Panure

125 ml (¹/2 tasse)	farine
2	œufs battus
250 ml (1 tasse)	semoule de maïs
2 ml (¹/2 c. à thé)	poivre

Pour la panure
- Passer les frites dans la farine puis les œufs battus assaisonnés et dans la semoule de maïs et réserver.

Cuisson, finition et présentation
- Dans une poêle antiadhésive, saisir les tranches de foie gras sur les deux faces. Assaisonner puis terminer la cuisson au four à 350 °F (180 °C), 2 minutes. Dans les assiettes, mettre quatre frites de polenta et déposer dessus une escalope de foie gras arrosée d'un filet de caramel de vinaigre balsamique. Verser la sauce. Décorer avec quelques suprêmes d'orange sanguine et un bouquet de basilic frais.

Rôtisson d'autruche, sauce émulsionnée au foie gras, mousseline de patates bleues à l'huile de truffe blanche. (Pour 4 personnes)

Mousseline de patates bleues

625 g (1 ½ lb)	patates bleues
125 ml (½ tasse)	lait
125 ml (½ tasse)	crème 35 %
30 ml (2 c. à soupe)	huile de truffe blanche
au goût	sel, poivre
16	haricots verts chinois
15 ml (1 c. à soupe)	huile d'olive

Rôtisson d'autruche

625 g (1 ½ lb)	rôtisson d'autruche
15 ml (1 c. à soupe)	huile d'olive
au goût	sel, poivre

Sauce foie gras

30 ml (2 c. à soupe)	échalotes grises
30 ml (2 c. à soupe)	huile d'olive
80 ml (⅓ tasse)	madère
125 ml (½ tasse)	vin rouge
250 ml (1 tasse)	fond d'autruche ou fond de veau
60 g (2 oz)	foie gras en terrine ou en conserve

Si vous êtes un fervent de viande tendre, quoi de mieux qu'un rôtisson d'autruche qui vous assurera une tendreté. La chair de l'autruche s'apparente à un mélange de chair de canard et de bœuf. Vous l'apprécierez à sa juste valeur si elle n'est pas trop cuite.

Pour la mousseline
- Éplucher les pommes de terre et les couper grossièrement en cubes. Cuire à l'eau bouillante salée.
- Amener à l'ébullition le lait et la crème.
- Passer les pommes de terre au presse-purée puis à la mixette mélanger avec la crème, le lait et l'huile de truffe blanche.
- Blanchir les haricots chinois et les sauter avec un peu d'huile d'olive.

Pour le rôtisson
- Parer et portionner l'autruche en quatre morceaux égaux et réserver pour la cuisson.
- Dans un sautoir, saisir les morceaux d'autruche à l'huile d'olive, à la cuisson désirée. Assaisonner et déposer sur une plaque. Réserver au chaud.

Pour la sauce
- Faire revenir les échalotes grises avec l'huile dans le même sautoir qui a servi pour la cuisson de l'autruche.
- Flamber avec le madère, mouiller avec le vin rouge et réduire de moitié.
- Ajouter le fond d'autruche ou de veau et réduire à nouveau de moitié.
- Verser la sauce dans le mélangeur et incorporer peu à peu le foie gras et émulsionner à vitesse maximale, réserver.

Finition et présentation
- Couper les morceaux de rôtisson d'autruche en trois et déposer les tranches sur des assiettes bien chaudes.
- Dans chaque assiette, à côté des rôtissons d'autruche, mettre un emporte-pièce de 7 cm (3 po) et remplir de mousseline de patates bleues. Retirer l'emporte-pièce et entourer la purée de haricots verts chinois.
- Verser la sauce bouillante sur la viande.
- Piquer un buisson de feuillage de plantain au centre de la purée et garnir de croustilles de patates bleues.

« Filo de bleuets » à la crème frangipane, coulis de fraises d'automne et de bleuets du Lac St-Jean. (Pour 4 personnes)

Crème frangipane

80 ml (1/3 tasse)	*beurre doux ramolli*
80 ml (1/3 tasse)	*sucre*
160 ml (2/3 tasse)	*poudre d'amandes*
1	*jaune d'œuf*
2,1 ml (1/2 c. à thé)	*vanille*

Pour la crème
- Dans un bol en inox crémer le beurre et le sucre, et ajouter à ce mélange le jaune d'œuf, la vanille et la poudre d'amandes.

Filo de bleuets

4	*feuilles de pâte filo*
80 ml (1/3 tasse)	*beurre clarifié*
250 ml (1 tasse)	*bleuets*
125 ml (1/2 tasse)	*sucre d'érable*

Pour le filo
- Découper, dans chaque feuille de pâte filo, 4 triangles d'environ 15 cm (7 po) de côté. Badigeonner de beurre clarifié. À l'aide d'une poche à décorer munie d'une douille moyenne, mettre 7 cm (3 po) de crème frangipane sur un côté du triangle et parsemer de bleuets. Replier 2 pointes vers le centre, sur la crème frangipane et rouler. S'assurer que les bouts de chaque rouleau sont bien enfoncés vers l'intérieur. Badigeonner légèrement de nouveau le dessus des rouleaux avec le beurre clarifié et saupoudrer de sucre d'érable. Mettre au four 3 minutes à 450 °F (230 °C).

Coulis

200 ml (3/4 tasse)	*sucre*
125 ml (1/2 tasse)	*eau*
500 ml (2 tasses)	*fraises*
275 ml (1 1/2 tasse)	*bleuets du Lac St-Jean*

Pour le coulis
- Mettre à bouillir le sucre et l'eau. À la première ébullition, retirer du feu et passer au mélangeur avec les fraises et les bleuets. Réserver quelques fraises et bleuets pour la présentation.

Présentation
- Dans quatre assiettes à soupe, verser le coulis de fraises et y ajouter les fruits frais.
- De chaque côté des assiettes à soupe déposer deux filo de bleuets sur le coulis.
- Décorer avec des feuilles de mélisse et saupoudrer de sucre glace.

Ah ces bleuets! Ces petites perles bleues, précieuses, exquises, explosant de saveur. Ah ce qu'ils sont « goûteux » ces bleuets! Chez nous, c'est la fête au début d'août quand ma belle-mère prépare son fameux « six-pâtes » aux bleuets.

Shortcake aux fraises des bois de Trois-Pistoles et chocolat blanc. (Pour 4 personnes)

Biscuit Savoie

6	*jaunes d'œufs*
125 ml (1/2 tasse)	*sucre*
250 ml (1 tasse)	*farine*
6	*blancs d'œufs*
25 ml (5 c. à thé)	*sucre*

Pour le biscuit
- Préchauffer le four à 350 °F (180 °C).
- Blanchir les jaunes d'œufs avec le sucre.
- Tamiser la farine et incorporer délicatement aux jaunes d'œufs blanchis.
- Monter les blancs d'œufs en neige avec le sucre glace.
- Verser un tiers de la meringue au mélange de jaunes d'œufs pour mieux l'incorporer, puis ajouter le reste délicatement.
- Étendre la pâte dans une plaque à pâtisserie de 25 cm x 25 cm (10 po x 10 po) tapissée de papier ciré, beurrée et enfarinée.
- Cuire à 350 °F (180 °C) sur la grille du milieu, 10 minutes ou jusqu'à ce que le biscuit se décolle des parois de la plaque.
- À la sortie du four, saupoudrer de sucre glace et refroidir à la température de la pièce.

Sirop parfumé à la liqueur de framboises

125 ml (1/2 tasse)	*eau*
125 ml (1/2 tasse)	*sucre*
30 ml (2 c. à soupe)	*liqueur de framboises*

Pour le sirop
- Amener à ébullition l'eau et le sucre.
- Laisser refroidir et ajouter la liqueur.

Crème fouettée au chocolat blanc

250 ml (1 tasse)	*chocolat blanc râpé*
250 ml (1 tasse)	*crème fouettée*

Pour la crème
- Fondre le chocolat au bain-marie, garder à la température de la pièce et incorporer la crème fouettée (le chocolat doit être le plus froid possible mais encore liquide).

Garniture de fraises

250 ml (1 tasse)	*fraises des bois de Trois-Pistoles*
125 ml (1/2 tasse)	*sucre*

Garniture de fraises
- Équeuter les fraises et saupoudrer de sucre. Laisser reposer 1 heure.

Finition et présentation
- Découper le biscuit en 24 carrés de 4 cm (1 1/2 po) de côté. Imbiber légèrement de sirop de framboise. Former un cube sans couvercle avec cinq petits biscuits et à l'aide d'une poche à décorer, remplir les cubes aux trois quarts avec la crème fouettée au chocolat blanc. Finir de remplir avec la garniture aux fraises et couvrir avec le sixième biscuit. Répéter l'opération pour les trois autres biscuits, réfrigérer. Servir avec le reste de la garniture de fraises et quelques copeaux de chocolat blanc.

Est-ce le vent?
Est-ce le fleuve?
Est-ce l'amour ou est-ce le doux équilibre des trois qui fait des fraises de l'île d'Orléans les meilleures au Québec?

Nage de fraises et rhubarbe de l'Île d'Orléans à l'infusion de thé à la menthe. (Pour 4 personnes)

Sirop à la menthe
500 ml (2 tasses)	eau
310 ml (1 1/4 tasse)	sucre
2 sachets	thé à la menthe
125 ml (1/2 tasse)	mousseux

Fruits
500 ml (2 tasses)	fraises
500 ml (2 tasses)	rhubarbe

Sorbet à la rhubarbe et fraises de l'Île d'Orléans
500 ml (2 tasses)	fruits cuits ou la moitié des fruits
250 ml (1 tasse)	sirop de cuisson

Garniture
4	petits feuilletés de 4 cm (1 1/2 po) carré
4	boules de glace à la rhubarbe et fraises
4	branches de menthe fraîche

Pour le sirop
- Pour faire le sirop à la menthe, amener l'eau et le sucre à ébullition et y faire infuser 5 minutes les sachets de thé. Laisser frémir à faible ébullition et retirer les sachets de thé.

Pour la cuisson des fruits
- Éplucher la rhubarbe pour enlever les fibres et couper en petits bâtonnets de 1 cm x 4 cm (1/2 po x 1 1/2 po) et plonger dans le sirop chaud. Réserver.
- Équeuter les fraises et les couper en deux ou en quatre selon la grosseur et ajouter au sirop. Laisser refroidir.

Pour le sorbet
- Passer au mélangeur la moitié des fruits avec 250 ml (1 tasse) de sirop de cuisson.
- Vider la purée dans une sorbetière, turbiner et mettre au congélateur.

Finition et présentation
- Au moment de servir, ajouter le mousseux à l'infusion à la menthe et aux fruits.
- Sur des assiettes creuses, verser l'infusion et le reste des fruits, couper les petits feuilletés en deux et ajouter les boules de glace à l'intérieur. Déposer les feuilletés au centre des assiettes. Piquer une branche de menthe dans le feuilleté.

Le seul fait de voir une belle fraise bien rouge mûrie au soleil évoque en moi le souvenir de merveilleux étés passés au bord du fleuve sur l'Île d'Orléans en face de l'Île Madame. Je me souviens d'avoir cueilli des fraises pour gagner des sous mais d'en avoir tant mangées que j'en ai perdu mon emploi! Un péché de gourmandise dont je ne peux me repentir…

Sandwich glacé au chocolat et fraises.
(Pour 4 personnes)

Biscuit sandwich
200 ml (3/4 tasse)	beurre doux
250 ml (1 tasse)	sucre
3	œufs
5 ml (1/2 c. à thé)	essence de vanille
400 ml (1 2/3 tasse)	farine
60 ml (1/4 tasse)	cacao
2,5 ml (1/2 c. à thé)	bicarbonate de soude

Purée de fraises
500 ml (2 tasses)	fraises
60 ml (1/4 tasse)	sucre
ou	
250 ml (1 tasse)	purée de fraises

Parfait glacé aux fraises
4	jaunes d'œufs
125 ml (1/2 tasse)	sucre
60 ml (4 c. à soupe)	vin de muscat (ou liqueur de fraises)
250 ml (1 tasse)	purée de fraises
125 ml (1/2 tasse)	crème fouettée

Pour le biscuit
- Préchauffer le four à 350 °F (180 °C).
- Crémer le beurre et le sucre au malaxeur, ajouter les œufs et l'essence de vanille, et mélanger jusqu'à ce que le tout soit bien lisse.
- Ajouter la farine, le cacao, le bicarbonate de soude et mélanger à nouveau 1 minute pour une consistance onctueuse. Refroidir 3 minutes.
- Abaisser la pâte à 3 mm (1/8 po) d'épaisseur et la couper en quatre carrés de 7 cm (3 po) de côté. Laisser reposer au frigo quelques minutes. Couper les carrés en deux pour faire des triangles. Déposer sur une plaque tapissée de papier ciré.
- Cuire au four à 350 °F (180 °C), 8 minutes.
- Retirer du four et laisser refroidir à la température de la pièce recouvert d'un linge humide. Le biscuit doit rester légèrement mou. Réserver.

Pour le parfait
- Au mélangeur, réduire les fraises en purée avec le sucre. Passer ensuite au tamis et réserver.
- Dans un bol en inox, faire mousser les jaunes avec le sucre et le muscat.
- Déposer le bol sur un bain-marie et fouetter vigoureusement 10 minutes ou jusqu'à ce que la quantité du mélange double.
- En fouettant, incorporer doucement la purée de fraises. Laisser refroidir, puis incorporer la crème fouettée.
- Étendre le parfait sur une tôle à biscuits de 23 cm x 25,5 cm (9 po x 10 po) tapissée d'une pellicule de plastique.
- Mettre au congélateur au moins trois heures.

Finition et présentation
- Découper le parfait en 4 triangles de 7 cm (3 po) de côté et mettre chaque tranche entre deux biscuits au chocolat.
- Décorer de fraises fraîches et servir avec une crème anglaise à la vanille. Le reste du parfait se conserve quelques semaines bien couvert au congélateur.

Fondant de fromage de chèvre aux mini-poireaux, mini-tomates et gousses d'ail confites. (Pour 4 personnes)

Fondant

200 g (1 tasse)	fromage de chèvre (Tournevent)
125 ml (1/2 tasse)	beurre salé
4	mini-poireaux
60 ml (1/4 tasse)	crème fouettée

Gousses d'ail et mini-tomates confites

2	têtes d'ail en chemise
500 ml (2 tasses)	huile d'olive
1	branche de thym
1	feuille de laurier
12	tomates miniatures jaunes et rouges
au goût	sel, poivre
4	tranches minces de pancetta

Pour le fondant

- 2 heures avant de commencer la recette, couper le fromage de chèvre et le beurre en petits cubes et les garder séparément à la température de la pièce.
- Dans l'eau bouillante salée, cuire les poireaux jusqu'à tendreté, refroidir dans l'eau froide.
- Mettre le beurre dans le robot et pulser. Petit à petit ajouter le fromage et pulser à nouveau pour obtenir une consistance crémeuse.
- Verser dans un cul-de-poule et incorporer la crème fouettée.
- Tapisser le fond et les parois d'une petite terrine de 15 cm x 7 cm (6 po x 3 po) d'une pellicule de plastique et verser la moitié de l'appareil. Dans la terrine, déposer les poireaux asséchés que vous aurez coupés de la même longueur que la terrine, puis verser le reste de l'appareil sur le tout. Rabaisser la pellicule de plastique et réfrigérer 2 heures.

Pour les gousses d'ail et les tomates

- Défaire les têtes d'ail en gousses et les garder en chemise. Dans une casserole, chauffer l'huile et confire 15 minutes à faible ébullition avec le thym et la feuille de laurier.
- Dans un plat rectangulaire en verre, verser l'huile, les gousses d'ail, ajouter les tomates. Assaisonner et cuire au four 8 à 10 minutes à 275 °F (135 °C).

Pour la pancetta

- Sur une tôle à biscuits, placer une feuille de papier ciré, les tranches de pancetta puis recouvrir d'une autre feuille.
- Par-dessus, déposer une autre tôle à biscuits en guise de poids et cuire au four à 250 °F (125 °C), 20 à 25 minutes.

Finition et présentation

- Couper les tranches de fondant à 1 1/2 cm (5/8 po) d'épaisseur et servir avec 3 tomates confites et quelques gousses d'ail. Enfoncer une croustille de pancetta dans chaque tranche de fondant.
- Si vous avez plus de poireaux, les servir en garniture avec ce plat.
- N'hésitez pas à déguster la chair d'ail confite, c'est délectable.

Buisson de haricots verts fins de Catherine et fromage de chèvre à la vinaigrette de lardons. (Pour 4 personnes)

**Buisson de haricots verts fins
et fromage de chèvre**

125 g (¹/4 lb)	*de fromage de chèvre du Poitou*
250 g (¹/2 lb)	*haricots verts fins*

Vinaigrette aux lardons

4	*tranches de bacon*
2	*échalotes grises hachées*
1	*gousse d'ail*
30 ml (2 c. à soupe)	*vinaigre balsamique*
45 ml (3 c. à soupe)	*huile de noix*
60 ml (4 c. à soupe)	*huile végétale*
au goût	*sel, poivre*

Pour le buisson de haricots
- Couper le fromage de chèvre en petits cubes de 7 mm (¹/2 po) de côté avec un couteau à lame fine trempé dans l'eau chaude.
- Équeuter les haricots en cassant la tige avec les doigts.
- Pour cuire les haricots parfaitement: mettre les haricots dans beaucoup d'eau salée bouillante pendant 2 minutes puis plonger rapidement dans un bol d'eau glacée et égoutter.

Pour la vinaigrette
- Émincer les tranches de bacon.
- Rissoler les lardons jusqu'à ce qu'ils soient dorés.
- Ajouter les échalotes grises et l'ail haché et laisser cuire quelques instants.
- Déglacer avec le vinaigre balsamique, ajouter les huiles et bien mélanger, assaisonner.

Finition et présentation
- Mettre dans un bol les haricots, les cubes de fromage et la vinaigrette. Mélanger délicatement pour ne pas écraser les cubes de fromage.
- Disposer, au milieu de chaque assiette, un petit buisson de haricots. Ajouter autour des tranches de mini-tomates confites (voir recette page précédente), un peu de vinaigrette et poser sur les haricots une julienne de carottes frites.

Quelle patience elle a mon amie Catherine! Non seulement de cultiver des légumes raffinés mais d'en cueillir juste ce dont j'ai besoin. Quand on sait qu'il m'en faut trois ou quatre kilos par semaine et qu'il en faut deux ou trois cents par kilo. Quelle générosité!

Fondue de fromage de chèvre aux poires caramélisées.
(Pour 4 personnes)

Fromage et panure

4 tranches de 60 g (2 oz)	de fromage de chèvre du Poitou
200 ml (3/4 tasse)	farine
2	œufs battus
au goût	sel, poivre
80 ml (1/3 tasse)	noisettes
80 ml (1/3 tasse)	pistaches
80 ml (1/3 tasse)	amandes

Pour la fondue

- Couper chaque tranche de fromage en deux à l'aide d'une lame fine trempée dans l'eau chaude.
- Enduire les tranches de fromage de farine et passer dans les œufs battus légèrement assaisonnés et dans le mélange de noix réduit en poudre. Il suffit de passer les noix au robot pour obtenir une poudre fine.
- Bien presser avec les doigts pour faire adhérer la poudre de noix.

Vinaigrette aux poires

2	poires moyennes
	jus d'un demi-citron
15 ml (1 c. à soupe)	miel
15 ml (1 c. à soupe)	vinaigre de vin blanc ou vinaigre de champagne
30 ml (2 c. à soupe)	huile de noix
45 ml (3 c. à soupe)	huile végétale

Pour la vinaigrette

- Peler et couper les poires en deux, enlever le cœur et trancher en 8 parties égales.
- Arroser de jus de citron pour éviter qu'elles ne noircissent.
- Caraméliser les poires avec le miel et déglacer avec le vinaigre.
- Ajouter graduellement les huiles et cuire quelques instants, réserver.

Garniture

1	laitue trévise
500 ml (2 tasses)	sac de mesclun
60 ml (4 c. à soupe)	vinaigrette
30 ml (2 c. à soupe)	pignons

Cuisson et présentation

- Faire quatre jolis buissons de mesclun d'automne dans un petit panier de trévise et arroser de vinaigrette aux poires. Parsemer de pignons et déposer sur les assiettes.
- Plonger les fondues dans la friture à 350 °F (180 °C) pendant 1 minute et déposer deux fondues de fromage de chaque côté du petit panier avec quelques quartiers de poires et servir tiède.

Réfrigérez les fondues au moins une heure avant de les plonger dans la friture et assurez-vous que l'huile ait atteint la chaleur requise.

Côte de veau grillée au jus d'ananas et cerises séchées, gratin de bucatinni au Saint-Basile. (Pour 4 personnes)

Côtes

4	côtes de veau de 250 g (1/2 lb) chacune
30 ml (2 c. à soupe)	huile
au goût	sel, poivre

Pour les côtes

- Parer les côtes, gratter les os et ficeler chaque côtelette pour garder sa forme.
- Mettre sur une assiette et badigeonner d'huile, réserver. Assaisonner au goût.

Sauce aux cerises séchées

15 ml (1 c. à soupe)	huile d'olive
1	gousse d'ail haché
30 ml (2 c. à soupe)	échalotes grises
125 ml (1/2 tasse)	vin blanc
125 ml (1/2 tasse)	jus d'ananas
30 ml (2 c. à soupe)	vinaigre balsamique
250 ml (1 tasse)	fond de veau
30 ml (2 c. à soupe)	cerises séchées

Pour la sauce

- Chauffer l'huile dans une casserole, faire revenir l'ail et les échalotes hachées.
- Mouiller avec le vin blanc, le jus d'ananas et le vinaigre balsamique. Réduire de moitié et ajouter le fond de veau et les cerises séchées.
- Laisser mijoter 5 à 10 minutes à feu doux.

Gratin de bucatinni au Saint-Basile

4	portions de bucatinni 50 g (2 oz) avant cuisson
200 ml (2/3 tasse)	crème 35 %
120 g (4 oz)	Saint-Basile
15 ml (1 c. à soupe)	thym frais haché

Pour les bucatinni

- Cuire les pâtes dans beaucoup d'eau légèrement salée avec un peu d'huile. Les bucatinni sont des pâtes séchées; elles prendront donc 12 à 15 minutes à cuire.
- Une fois cuites, les passer sous l'eau tiède et égoutter.
- Enlever la croûte du fromage Saint-Basile et le couper en cubes.
- Dans une poêle, amener la crème à ébullition puis ajouter le fromage, le thym et les pâtes et bien mélanger.

Cuisson et finition

- Griller les côtes sur les deux faces en marquant le veau d'un quadrillage et cuire à la cuisson désirée, assaisonner. À chaleur moyenne, le temps de la cuisson pour une côte de 2,5 cm (1 po) d'épaisseur est de 8 minutes de chaque côté. Badigeonner fréquemment la côte d'huile pendant la cuisson pour éviter qu'elle ne sèche. Sur une tôle, déposer les pâtes à l'intérieur d'emporte-pièces métalliques et passer sous le gril du four pour les gratiner. À l'aide d'une spatule, glisser les pâtes sur les assiettes et retirer les emporte-pièces.

Présentation

- Sur chaque assiette placer une côte de veau près des pâtes. Napper la côte avec la sauce et accompagner de poivrons grillés. Décorer d'un bouquet de basilic pourpre.

Bar rayé d'élevage californien, jus de carotte à l'orange et gingembre, couscous épicé à la mini-ratatouille. (Pour 4 personnes)

Bar rayé
2 bars rayés de 675 g (1 ¹/2 lb) chacun	
45 ml (3 c. à soupe)	huile d'olive
au goût	sel, poivre

Pour le bar
• Écailler et nettoyer les bars.
• Lever les filets et enlever les arêtes avec une pince.
• Ciseler la peau des filets, pour laisser pénétrer la chaleur et empêcher le poisson de se raidir à la cuisson. Réserver.

Jus de carotte au gingembre
250 ml (1 tasse)	jus de carotte (4 carottes moyennes pelées)
60 ml (¹/4 tasse)	jus de gingembre (une petite racine)
250 ml (1 tasse)	jus d'orange
125 ml (¹/2 tasse)	huile d'olive

Pour le jus
• Passer les carottes et le gingembre pelé à l'extracteur à jus.
• Verser dans une casserole en cuivre de préférence avec le jus d'orange.
• Réduire du tiers, il doit rester 180 ml de jus (²/3 tasse). Au mélangeur, émulsionner le jus avec l'huile que vous verserez en filet, assaisonner. Réserver.

Couscous
250 ml (1 tasse)	semoule de blé
30 ml (3 c. à soupe)	huile d'olive
500 ml (2 tasses)	eau bouillante
1	piment miniature haché
au goût	sel, poivre

Pour le couscous
• Mettre la semoule de blé dans un bol en inox et humecter d'huile d'olive.
• Amener l'eau à ébullition et couvrir complètement la semoule, puis déposer une pellicule de plastique sur le bol pour le rendre hermétique. Remuer de temps à autre pour aérer le couscous en remettant la pellicule à chaque fois. Assaisonner et ajouter le petit piment haché très fin. Réserver.

Mini-ratatouille
1	petit oignon
1	gousse d'ail
¹/2	aubergine
1	courgette
1	poivron jaune
2	tomates en brunoise
80 ml (¹/3 tasse)	huile d'olive vierge
30 ml (2 c. à soupe)	basilic ciselé
15 ml (1 c. à soupe)	origan haché

Pour la mini-ratatouille
• Hacher l'oignon et l'ail finement.
• Couper l'aubergine et la courgette en petits cubes de 5 mm (¹/4 po) de côté.
• Trancher le poivron et les tomates en deux, épépiner le poivron et presser les tomates. Extraire les pépins et couper en brunoise.
• Chauffer l'huile d'olive dans un rondeau et faire revenir l'oignon et l'ail.
• Dans une autre poêle, faire sauter successivement les brunoises d'aubergines, de courgettes et de poivrons. Mettre les légumes dans le rondeau et ajouter les tomates, le basilic ciselé et l'origan haché. Assaisonner et laisser mijoter 2 minutes.

Cuisson et présentation
• Saisir les filets dans une poêle antiadhésive avec un peu d'huile d'olive sur le côté de la peau pour qu'elle soit croustillante (environ 2 minutes) et retourner le filet. Cuire à nouveau 2 minutes. Mettre le couscous au milieu des assiettes avec de la mini-ratatouille et déposer les filets sur une partie des légumes avec un peu de sauce. J'ai décoré ici avec une branche de piment en fleur.

Carpaccio de maquereau frais mariné au gingembre, témaki de maquereau fumé et laqué. (Pour 4 personnes)

Carpaccio et marinade

2	*maquereaux frais*
45 ml (3 c. à soupe)	*huile de soya*
45 ml (3 c. à soupe)	*huile d'olive*
45 ml (3 c. à soupe)	*jus de citron vert*
45 ml (3 c. à soupe)	*soya*
30 ml (2 c. à soupe)	*herbes fraîches hachées (estragon, cerfeuil, aneth)*
15 ml (1 c. à soupe)	*gingembre frais pelé et haché*
au goût	*poivre*

Témaki de maquereau fumé

125 ml (1/2 tasse)	*riz botan (riz à sushi)*
200 ml (3/4 tasse)	*eau*
5 ml (1 c. à thé)	*vinaigre de riz assaisonné*
3	*feuilles d'algues nori*

Laque minute

1	*maquereau fumé*
45 ml (3 c. à soupe)	*sirop d'érable*
15 ml (1 c. à soupe)	*soya*

Pour le carpaccio

- Lever les maquereaux frais, les parer et désarêter les filets.
- Escaloper en petites tranches fines et étaler sur toute la surface des assiettes.
- Envelopper les assiettes de pellicule de plastique et réserver au frigo.
- Mélanger tous les ingrédients de la marinade et poivrer. Réserver pour le montage.

Pour les témaki

- Rincer le riz 2 ou 3 fois sous l'eau froide.
- Mettre le riz à cuire dans une petite casserole de 12 cm de diamètre par 12 cm de hauteur (4 3/4 po x 4 3/4 po) avec l'eau, amener à ébullition, cuire 5 minutes. Mettre un couvercle et réduire à feu doux 5 minutes. Laisser reposer hors du feu en gardant couvert encore 10 à 15 minutes.
- Étaler le riz sur une tôle et humecter de vinaigre de riz, refroidir.
- Couper en 2 les feuilles de nori en diagonale, et replier en forme de cône puis sceller avec un peu d'eau. Cette forme d'algue s'appelle témaki.

Finition

- Badigeonner les carpaccio avec de la marinade de gingembre et assaisonner le riz avec 60 ml (4 c. à soupe) de la même marinade.
- Remplir les cônes de riz et tailler 2 cm (3/4 po) du bout pointu. Poser le cône debout au centre des carpaccio sur les assiettes.
- Badigeonner le filet de maquereau fumé avec un mélange de sirop d'érable et soya, et le passer sous le gril du four quelques secondes, pour le laquer légèrement. Trancher le filet en morceaux de 1 cm (1/2 po) de largeur et déposer deux morceaux dans chaque témaki. Décorer d'un filet de sauce douce aux prunes et chili.

Tempura de homard, sauce thaï, sauté de pois mange-tout et radis aux amandes. (Pour 4 personnes)

Homards
2 homards de 750 g (1 1/2 lb) chacun

Pâte à tempura
250 ml (1 tasse)	*farine de riz*
1	*jaune d'œuf*
160 ml (2/3 tasse)	*eau glacée*
au goût	*sel, poivre*
15 ml (1 c. à soupe)	*gingembre*
15 ml (1 c. à soupe)	*échalotes vertes*
1	*piment oiseau*
1/2	*gousse d'ail haché*
30 ml (2 c. à soupe)	*coriandre fraîche hachée*

Sauté de pois mange-tout et radis aux amandes
250 ml (1 tasse)	*pois mange-tout*
125 ml (1/2 tasse)	*radis rouges*
30 ml (2 c. à soupe)	*huile d'arachide*
45 ml (3 c. à soupe)	*amandes*
au goût	*sel, poivre*

Sauce thaï
30 ml (2 c. à soupe)	*huile d'arachide*
60 ml (1/4 tasse)	*oignon haché*
60 ml (1/4 tasse)	*gingembre haché*
1	*petit piment oiseau*
1/2	*gousse d'ail haché*
2,5 ml (1/2 c. à thé)	*cari*
5 ml (1 c. à thé)	*tumeric*
125 ml (1/2 tasse)	*saké*
400 ml (1 1/2 tasse)	*lait de coco*
30 ml (2 c. à soupe)	*coriandre fraîche hachée*

Pour les homards
- Cuire les homards dans l'eau bouillante 8 minutes à partir du moment où l'ébullition reprend. Ensuite retirer les homards et les plonger dans l'eau froide.
- Décortiquer entièrement les homards et couper les queues dans le sens de la longueur.

Pour la pâte
- Verser la farine dans un bol en inox et faire un puits au centre. Déposer le jaune d'œuf, l'eau et le sel dans le puits et rabattre la farine vers le milieu en mélangeant vigoureusement.
- Hacher le gingembre, les échalotes vertes, le piment oiseau, l'ail et la coriandre, ajouter à la pâte. Prendre un autre bol en inox et le remplir de glace, déposer le bol de pâte à tempura sur la glace.
- Plus la pâte sera froide et l'huile chaude à 350 °F (180 °C), plus l'effet tempura effiloché et croustillant sera réussi.

Pour le sauté de pois mange-tout
- Équeuter les pois mange-tout et les blanchir 30 secondes dans l'eau bouillante salée.
- Parer les radis, les émincer et les blanchir 1 minute.
- Dans une sauteuse, chauffer l'huile d'arachide et sauter les amandes. Ajouter les légumes et assaisonner.

Pour la sauce
- Dans une casserole profonde, chauffer l'huile d'arachide et y faire revenir l'oignon, le gingembre, le piment et l'ail 1 minute.
- Ajouter le cari et le tumeric, continuer de cuire à feu moyen.
- Déglacer avec le saké et le lait de coco, réduire du tiers et ajouter la coriandre hachée.

Cuisson et finition
- Tremper les morceaux de homard dans la pâte à tempura et frire de 15 à 20 secondes.
- Servir le sauté de pois mange-tout au centre des assiettes avec une demi-queue, une pince et une patte. Verser un peu de sauce autour et décorer avec un buisson de tatsoy et une tête de homard.

Papillote de homard à la vanille et poivre rose. (Pour 4 personnes)

Homards
2 homards de 750 g (1 1/2 lb) chacun

Julienne de légumes
30 ml (2 c. à soupe)	*huile d'olive*
1	*courgette moyenne*
1	*carotte moyenne*
Le quart d'un daikon moyen (radis chinois)	
5 ml (1 c. à thé)	*thym frais haché*
15 ml (1 c. à soupe)	*jus de citron*
5 ml (1 c. à soupe)	*miel*
30 ml (2 c. à soupe)	*graines de sésame*

Sauce à la vanille et poivre rose
30 ml (2 c. à soupe)	*échalotes grises*
15 ml (1 c. à soupe)	*huile d'olive*
125 ml (1/2 tasse)	*vin blanc*
125 ml (1/2 tasse)	*fumet de poisson*
250 ml (1 tasse)	*crème 35 %*
5 ml (1 c. à thé)	*poivre rose*
1	*gousse de vanille*

Garniture de la papillote
4	*feuilles de pâte filo*
45 ml (3 c. à soupe)	*beurre fondu*
	julienne de légumes
	chair de homard
30 ml (2 c. à soupe)	*graines de sésame*

Pour les homards
- Cuire les homards selon les directives de la recette précédente.
- Décortiquer entièrement le homard et réserver la chair pour la papillote.
- Sauter la chair de homard avec un peu de beurre clarifié et assaisonner.

Pour la julienne
- Trancher en julienne la courgette, la carotte et le daikon sur une mandoline chinoise.
- Faire sauter les légumes avec l'huile, ajouter le thym, le jus de citron et le miel.

Pour la sauce à la vanille
- Faire revenir les échalotes dans une petite casserole avec un peu d'huile.
- Mouiller avec le vin blanc et le fumet de poisson, réduire de moitié.
- Ajouter la crème et le poivre rose.
- Fendre la gousse de vanille en deux, gratter les graines et ajouter à la crème, réduire la sauce du tiers et enlever la gousse.

Cuisson et finition de la papillotte
- Préchauffer le four à 375 °F (190 °C).
- Mettre une feuille de pâte filo sur la planche de travail et badigeonner de beurre fondu.
- Couper la pâte en deux, dans le sens de la largeur, et superposer les feuilles de pâte. Déposer la julienne au milieu avec une demi-queue, une pince et une patte de homard.
- Plier en deux et refermer les extrémités, puis déposer sur une tôle à pâtisserie. Saupoudrer de graines de sésame et cuire au four à 375 °F (190 °C) pendant 7 minutes.

Présentation
- Dans quatre assiettes chaudes, mettre les papillotes au milieu et verser la sauce autour.
- Saupoudrer les assiettes de poudre de poivre rose et décorer avec un bouquet de mâche.

Poêlée de raie fraîche aux huîtres à la citronnelle.
(Pour 4 personnes)

Raies et huîtres

2 ailes de raies de 625 g (1 ¹/₄ lb) chacune	
	ou 4 filets de 150 g (5 oz)
24	huîtres fraîches
(Pour la cuisson)	
30 ml (2 c. à soupe)	huile d'olive
15 ml (1 c. à soupe)	beurre

Sauce

30 ml (2 c. à soupe)	huile d'arachide
15 ml (1 c. à soupe)	gingembre haché
1	petite gousse d'ail
1	tige de citronnelle hachée ou
5 ml (1 c. à thé)	citronnelle en poudre
125 ml (¹/₂ tasse)	saké
250 ml (1 tasse)	bouillon de volaille
30 ml (2 c. à soupe)	soya
80 ml (¹/₃ tasse)	crème 35 %
30 ml (2 c. à soupe)	beurre
15 ml (1 c. à soupe)	jus de citron
au goût	sel, poivre

Spaghetti chinois au chou de Savoie

1	paquet de spaghetti chinois
1	pincée de sel
30 ml (2 c. à soupe)	huile de canola
¹/₂	oignon moyen
Le quart d'un petit	chou de Savoie moyen
250 ml (1 tasse)	champignons sauvages
	ou champignons shiitake
15 ml (1 c. à soupe)	sauce soya

Pour les raies et les huîtres
- Lever les filets de raies en glissant la lame d'un couteau tranchant sous le cartilage, enlever la peau de la même façon.
- Nettoyer et ouvrir les huîtres et les réserver dans leur jus.

Pour la sauce
- Dans une casserole faire revenir à l'huile d'arachide, le gingembre, l'ail et la citronnelle hachée, sans colorer, de 1 à 2 minutes.
- Déglacer avec le saké, réduire du tiers, ajouter ensuite le bouillon et le soya, puis la crème et poursuivre la réduction pendant 2 minutes environ.
- Hors du feu, ajouter le beurre en petites parcelles puis le jus de citron, assaisonner.

Pour le spaghetti
- Cuire le spaghetti al dente dans beaucoup d'eau salée, égoutter et réserver.
- Dans une poêle, chauffer l'huile et faire sauter l'oignon, le chou et les champignons émincés, puis ajouter les pâtes cuites égouttées. Réserver.

Cuisson et présentation
- Saisir la raie dans une poêle antiadhésive avec un peu d'huile d'olive et une noisette de beurre de chaque côté.
- Pocher les huîtres dans la sauce à la citronnelle et retirer les huîtres avec une cuillère à trous. Ajouter le soya aux pâtes, faire sauter à deux ou trois reprises. Mettre la garniture sur des grandes assiettes à soupe et déposer un filet de raie dessus, verser un peu de sauce autour ainsi que quelques huîtres.
- Décorer avec des feuilles de chêne.

Huîtres au sabayon de mousseux californien et saumon fumé. (Pour 4 personnes)

Huîtres

24	huîtres
2	belles tranches de saumon fumé

Sabayon

4	jaunes d'œufs
60 ml (¹/₄ tasse)	mousseux
au goût	sel, poivre

Pour les huîtres
- À l'aide d'une brosse nettoyer les huîtres sous l'eau froide.
- Les déposer sur une tôle à pâtisserie et cuire au four à 350 °F (180 °C) pendant 10 minutes.
- De cette façon les huîtres s'ouvriront plus facilement car elles seront précuites. Il ne vous restera qu'à les détacher de la coquille en glissant la pointe du couteau sous l'huître.
- Couper les tranches de saumon en 12 petits morceaux et les déposer au fond des coquilles, puis remettre les huîtres.

Pour le sabayon
- Mettre les jaunes d'œufs et le vin mousseux dans le haut du bain-marie. Fouetter vigoureusement jusqu'à la formation de pics assez fermes. Assaisonner au goût.

Finition et présentation
- Déposer les huîtres sur 4 assiettes recouvertes de gros sel pour les maintenir en équilibre, napper chacune d'elle de sabayon et passer légèrement sous le gril du four. Servir aussitôt et décorer les huîtres avec un peu de persil de mer.

Cette façon de présenter les huîtres est raffinée, élégante et exquise. Même si cette recette est facile à faire, elle vous donnera une réputation de « Grand Chef ».

Le Coq Enchanté de Saint-Basile de Portneuf produit la meilleure volaille que je connaisse, grâce à une « potion magique » dont seuls Marie et Gilbert détiennent la recette.

Côtelette de coq enchanté au maïs et gourganes.
(Pour 4 personnes)

Coq

2 kilos (4 lb)	1 coq ou poulet de grain entier

Marinade

45 ml (3 c. à soupe)	huile d'olive
15 ml (1 c. à soupe)	jus de citron
30 ml (2 c. à soupe)	fines herbes (thym, origan)

Sauce

30 ml (2 c. à soupe)	huile d'olive
	carcasse restantes du coq
1	oignon moyen
3	gousses d'ail en chemise
2	branches de thym
500 ml (2 tasses)	eau
250 ml (1 tasse)	fond de volaille
30 ml (2 c. à soupe)	huile de noix (pour la finition)

Sauté de maïs et gourganes

3 ou (1 1/2 tasse)	maïs égrainé
500 g (1 lb)	gourganes
30 ml (2 c. à soupe)	huile végétale
au goût	sel, poivre

Pour les côtelettes
- Désosser les cuisses du coq. Réserver pour un usage ultérieur.
- Couper les ailes, les pilons et le dos et concasser.
- Garder la poitrine double avec l'os, enlever la peau et mettre au congélateur 30 minutes pour faciliter le tranchage. Couper 4 côtelettes de 2,5 cm (1 po) d'épaisseur dans le sens contraire des suprêmes. Il restera encore 2 autres côtelettes plus petites que vous servirez au plus gourmand.

Pour la marinade
- Mélanger l'huile avec le citron et les herbes.
- Badigeonner les côtelettes de cette marinade et laisser reposer jusqu'à la cuisson (pas plus d'une heure).

Pour la sauce
- Dans un sautoir saisir les carcasses et bien les colorer avec l'oignon haché.
- Ajouter les gousses d'ail et le thym.
- Mouiller avec l'eau et réduire de moitié, ajouter le fond de volaille, réduire du tiers et passer au tamis.

Pour le sauté de maïs et gourganes
- Égrainer le maïs et le blanchir.
- Écosser les gourganes et blanchir les fèves 2 minutes. Refroidir et enlever la membrane pour n'avoir que la chair tendre.
- Chauffer l'huile dans une poêle, sauter le maïs et les gourganes, assaisonner.

Cuisson et finition
- Déposer les 6 côtelettes sur le gril et marquer d'un quadrillage sur les deux côtés, la cuisson sera d'environ 6 minutes de chaque côté. Assaisonner.
- Déposer le sauté de maïs et gourganes au milieu des assiettes avec une côtelette de coq.
- Au dernier moment, ajouter l'huile de noix à la sauce et verser autour. Décorer avec des pousses de pois et de maïs.

« Chowder » de maïs épicé aux palourdes et patates bleues.
(Pour 4 à 6 personnes)

Jus de palourdes

15 ml (1 c. à soupe)	échalotes grises
30 ml (2 c. à soupe)	huile d'olive
250 ml (1 tasse)	vin blanc
1 kilo (2 lb)	palourdes nettoyées
	ou 1 boîte de palourdes

« Chowder »

1	oignon moyen
2	gousses d'ail
45 ml (3 c. à soupe)	huile épicée (pimentée)
6	maïs égrainé
500 ml (2 tasses)	jus de palourdes
750 ml (3 tasses)	eau
250 ml (1 tasse)	crème 35 %

Garniture

2	pommes de terre moyennes
1	filet d'huile d'olive
au goût	sel, poivre
	mini-maïs, herbes fraîches

Pour le jus de palourdes
• Faire revenir les échalotes avec un peu d'huile dans une casserole.
• Mouiller avec le vin blanc.
• Ajouter les palourdes et cuire 5 minutes à couvert.
• Décortiquer, réserver le jus pour le « chowder » et les palourdes pour la garniture.

Pour le « chowder »
• Dans une casserole à fond épais, faire revenir l'oignon et l'ail hachés dans l'huile épicée.
• Ajouter le maïs frais égrainé, mouiller avec le jus de palourdes et l'eau, amener à ébullition et cuire 30 minutes à feu moyen.
• Ajouter la crème et prolonger la cuisson 15 minutes.
• Passer au mélangeur puis au tamis.

Pour la garniture
• Cuire les patates bleues à l'eau et les trancher en cubes.
• Arroser d'huile et assaisonner.
• Blanchir les mini-maïs.

Finition et présentation
• Verser le « chowder » bien chaud dans les assiettes à soupe. Garnir de patates bleues et de palourdes. Déposer une coquille de palourde avec un petit bouquet d'herbes au centre de l'assiette accompagnée de mini-maïs blanchis.

Le « chowder » est à la base une soupe de palourdes et pommes de terre. Mais on peut le varier à l'infini puisque dans celui-ci, c'est le maïs qui prédomine. Ne le pulsez que quelques tours avant de le fouler au tamis pour garder une belle texture.

Tatin aux mangues et caramel d'agrumes.
(Pour 4 personnes)

ou fraises, pêches pomme,

Mangues

3	grosses mangues
250 ml (1 tasse)	sucre

Pour les mangues
- Éplucher et trancher les mangues de chaque côté du noyau, et en faire de belles tranches de 2 cm (1 po) d'épaisseur, dans le sens de la largeur du demi-fruit.
- Faire caraméliser le sucre à sec dans un poêlon en cuivre de 20 cm (8 po) de diamètre.
- Lorsque le sucre commence à fondre, remuer le poêlon dans un mouvement de va-et-vient pour uniformiser la caramélisation.
- **✳ ✳** Lorsqu'il aura atteint une belle couleur ambrée, ajouter les mangues et les sauter pour leur donner une belle coloration.
- Laisser tiédir les mangues dans le poêlon ou verser dans un moule à génoise.

Pâte de la tatin

150 g (5 oz)	pâte feuilletée

Dorure

1	jaune d'œuf
15 ml (1 c. à soupe)	lait

Pour la pâte
- Pendant ce temps, abaisser la pâte feuilletée en un cercle mince de 25 cm (10 po) de diamètre. Piquer la pâte à la fourchette. Déposer le cercle de pâte sur les mangues dans le poêlon ou dans le moule à génoise. Replier l'excédent de pâte vers l'intérieur. Mélanger le jaune d'œuf avec le lait et badigeonner la pâte.
- Mettre la tatin au four à 400 °F (195 °C) de 15 à 20 minutes ou jusqu'à ce que la pâte soit cuite et dorée.

Caramel d'agrumes

1	orange
1	citron vert
1	pamplemousse rose
1	orange sanguine
125 ml (1/2 tasse)	sucre
125 ml (1/2 tasse)	eau

Pour le caramel d'agrumes
- Peler à vif les agrumes et prélever les suprêmes.
- Récupérer le jus en pressant la chair restante sur les cloisons.
- Amener l'eau et le sucre au caramel, et y ajouter le jus des agrumes ainsi que la moitié des suprêmes.
- Laisser mijoter quelques minutes et verser dans une saucière.

Présentation
- Déposer une assiette à l'envers sur le poêlon et retourner rapidement. Cette étape doit se faire lorsque la tarte tatin est encore tiède. Retirer le poêlon doucement.
- Verser un peu de caramel d'agrumes sur la tatin et décorer avec le reste des suprêmes.

J'ai créé une version personnelle de la traditionnelle tarte tatin aux pommes pour mon fils Raphaël qui est fou des mangues.

✳ Couler dans un plat et le mettre sur la glace pour arrêter la cuisson. (allant au four) y déposer les mangues une à une, esthétiquement

---

« Brownie » aux amandes, framboises et mangues.
(Pour 6 personnes)

250 ml (1 tasse)	chocolat mi-amer râpé
250 ml (1 tasse)	beurre
375 ml (1 1/2 tasse)	sucre
6	œufs
10 ml (2 c. à thé)	vanille
250 ml (1 tasse)	farine
375 ml (1 1/2 tasse)	amandes entières
250 ml (1 tasse)	framboises
250 ml (1 tasse)	chair de mangue coupée en petits cubes

- Préchauffer le four à 350 °F (180 °C).
- Fondre le chocolat mi-amer et le beurre au bain-marie et bien mélanger avec une cuillère de bois.
- Fouetter le sucre, les œufs et la vanille à la mixette.
- Incorporer ce mélange au chocolat.
- Ajouter la farine tamisée et mélanger une seconde fois à la mixette, de 2 à 3 minutes.
- Incorporer graduellement les amandes, les mangues et les framboises.
- Cuire au four à 350 °F (180 °C) dans un moule carré de 22 cm (9 po), beurré et enfariné, 35 à 40 minutes.
- Les brownies doivent être moelleux et servis tièdes.

Cette recette des brownies presque familiale n'est pas trop riche et le mélange de fruits en fait un dessert raffiné...

Pyramide aux carottes, mascarpone et chocolat blanc.
(Pour 4 personnes)

Gâteau aux carottes et noix

30 ml (2 c. à soupe)	huile de noisette
80 ml (1/3 tasse)	huile végétale
2	œufs
5 ml (1 c. à thé)	essence de vanille
250 ml (1 tasse)	farine tout usage
5 ml (1 c. à thé)	bicarbonate de soude
5 ml (1 c. à thé)	cannelle moulue
250 ml (1 tasse)	sucre
375 ml (1 1/2 tasse)	carottes râpées
60 ml (1/4 tasse)	noisettes grillées
60 ml (1/4 tasse)	ananas coupé et essoré
60 ml (1/4 tasse)	noix de coco rôtie

Ganache au chocolat blanc et mascarpone

45 ml (3 c. à soupe)	crème 35 %
160 ml (2/3 tasse)	chocolat blanc râpé
200 ml (3/4 tasse)	mascarpone
30 ml (2 c. à soupe)	sucre
250 ml (1 tasse)	crème fouettée

3 cm (1 1/4 po)

8 cm (3 po)

5 cm (2 po)

Pour le gâteau
- Chauffer le four à 350 °F (180 °C).
- Dans un bol en inox, mélanger les huiles avec les œufs et la vanille.
- Tamiser la farine, le bicarbonate, la cannelle et saupoudrer sur le mélange d'œufs. Ajouter le sucre et bien mélanger.
- Incorporer les carottes, les noisettes, l'ananas et la noix de coco, battre vigoureusement.
- Verser le mélange sur une tôle à pâtisserie de 32 cm x 24 cm (12 3/4 po x 9 po) tapissée de papier ciré, beurrée et enfarinée.
- Cuire au four à 350 °F (180 °C) pendant 18 à 20 minutes sur la grille du centre.

Pour la ganache
- Amener la crème à ébullition puis verser sur le chocolat blanc, fondre doucement au bain-marie et mélanger à l'aide d'une cuillère de bois.
- En fouettant vigoureusement, blanchir le mascarpone avec le sucre et ajouter la ganache de chocolat blanc. Réserver.
- Incorporer la crème fouettée.

Finition et présentation
- Couper le gâteau en 16 rectangles égaux de 8 cm x 5 cm (3 po x 2 po), tailler dans le sens de la largeur de chaque côté pour qu'il vous reste 5 cm en bas et 3 cm (2 po x 1 1/4 po) en haut.
- À l'aide d'une poche à décorer, verser 125 ml (1/2 tasse) de ganache au mascarpone sur une pellicule de plastique et déposer quatre biscuits autour de façon à former de petites pyramides. Refermer le papier et réfrigérer au moins 2 heures.
- Servir avec un sorbet aux carottes, une croustille de carotte cristallisée et un confit d'ananas.

Chip au carotte laisser tremper dans sirop chaud puis mettre entre deux silpat frire au four 200°F x 2 hres

Tiramisù
(Pour 6 à 8 personnes)

Doigts de dame

5	jaunes d'œufs
60 ml (1/4 tasse)	sucre
5	blancs d'œufs
60 ml (1/4 tasse)	sucre
250 ml (1 tasse)	farine
15 ml (1 c. à soupe)	fécule de maïs
1,5 ml (1/4 c. à thé)	poudre à pâte
60 ml (1/4 tasse)	sucre
	ou un paquet de doigts de dame acheté à la pâtisserie

Tiramisù

6	œufs séparés
125 ml (1/2 tasse)	sucre
500 ml (2 tasses)	mascarpone

Sirop

500 ml (2 tasses)	café fort
80 ml (1/3 tasse)	Tia Maria
30	doigts de dame

Présentation

30 ml (2 c. à soupe)	cacao
	copeaux de chocolat

Pour les doigts de dame
- Blanchir les jaunes d'œufs avec 60 ml (1/4 tasse) de sucre.
- Monter les blancs d'œufs en neige avec 60 ml (1/4 tasse) de sucre.
- Mélanger délicatement les deux appareils et incorporer la farine, la fécule et la poudre à pâte préalablement tamisées.
- Sur une tôle à pâtisserie recouverte d'un papier ciré, étendre la pâte en forme de doigt de 6 cm (2 1/2 po) avec un sac à pâtisserie. Laisser une distance de 3 cm (1 1/8 po) entre chaque biscuit. Saupoudrer de sucre et cuire au four, à 375 °F (190 °C) 10 minutes sur la grille du bas.

Pour le tiramisù
- Blanchir les jaunes d'œufs avec le sucre. Ajouter le fromage par petites quantités.
- Monter les blancs d'œufs en neige et incorporer au mélange précédent. Réserver.

Pour le sirop
- Faire du café très fort (type espresso) et mélanger avec le Tia Maria.
- Tremper les biscuits refroidis dans ce mélange et tapisser le fond et les parois d'un moule rectangulaire (en verre). Verser la moitié du mélange au fromage et déposer une deuxième couche de biscuits sur toute la surface. Verser le reste de l'appareil au fromage.
- Saupoudrer de cacao et décorer avec des copeaux de chocolat.
- Réfrigérer au moins 6 heures.

Je vous donne la recette de mon ami Franco de l'Épicerie européenne à Québec. Ne troquez pas le mascarpone frais pour une imitation; votre dessert souffrirait d'une grippe italienne!

Noix de ris de veau caramélisé au thym et à l'hydromel de la fée, croustillant de pommes de terre aux oignons confits.

(Pour 4 personnes)

Croustillant de pommes de terre

4	pommes de terre moyennes
1	petit oignon espagnol
30 ml (2 c. à soupe)	herbes fraîches hachées
45 ml (3 c. à soupe)	gras de canard ou huile d'olive
au goût	sel, poivre

Pour le croustillant de pommes de terre

- Peler et couper les pommes de terre sur une mandoline chinoise pour en faire une julienne, rincer et éponger.
- Faire revenir les oignons émincés finement dans la moitié du gras de canard.
- Dans un cul-de-poule, mélanger les oignons, la julienne de pommes de terre, les fines herbes et assaisonner.
- Chauffer le gras de canard dans une poêle antiadhésive de 25 cm (10 po), étendre une couche de pommes de terre sur toute la surface et bien presser avec une spatule.
- Lorsque le premier côté est bien doré, faire glisser la galette à l'envers sur une assiette et glisser de nouveau dans la poêle pour faire cuire l'autre face. Finir la cuisson au four 10 minutes.

Ris de veau

4	noix de ris de veau de 125 g (^{1}/$_4$ lb) chacune
30 ml (2 c. à soupe)	miel
250 ml (1 tasse)	hydromel de la fée (vin de miel)
30 ml (2 c. à soupe)	soya
3	gousses d'ail
1	branche de thym
250 ml (1 tasse)	fond de veau
au goût	sel, poivre

Pour la cuisson des ris et la sauce

- Parer les noix en enlevant les pellicules de gras et les nervures autour des ris de veau.
- Cuire les noix de ris de veau dans une poêle à fond épais avec le miel, la moitié de l'hydromel, le soya, les gousses d'ail émincées et la branche de thym.
- Couvrir et laisser réduire.
- Surveiller les ris, ils doivent être caramélisés et la réduction du jus de cuisson à sec.
- Ajouter le reste de l'hydromel, reprendre la cuisson et, lorsque la réduction sera de nouveau à sec, ajouter le fond de veau.
- Laisser mijoter jusqu'à la consistance d'une sauce légère.

Finition et présentation

- Couper le croustillant en 4 pointes égales et mettre sur les assiettes bien chaudes. Déposer une noix de ris sur chaque pointe.
- On peut accompagner ce plat de mini-pâtissons, de têtes de violon sautées à l'huile d'olive et de mini-tomates confites.

La noix de ris de veau est un abat de luxe. Faites-la cuire entière pour la déguster à sa juste saveur! Dans ce plat, l'hydromel ajoute une note de noblesse.

Queue de homard grillée, sauce au miel et à l'huile épicée, rouleaux de printemps aux légumes. (Pour 4 personnes)

Homards

4 homards de 625 g (1 ^{1}/$_4$ lb) chacun	
2,5 ml (^{1}/$_2$ c. à thé)	épices cajun
30 ml (2 c. à soupe)	huile végétale

Pour les homards

- Couper les homards vivants en deux, en piquant la pointe de votre couteau sur la petite démarcation verticale sur la tête du homard et en enfonçant votre lame d'un seul coup. Couper jusqu'à la queue. Cette étape peut vous paraître dure mais elle aura la propriété de neutraliser le système nerveux du homard.
- Ensuite défaire les pinces et les pattes et les plonger 10 minutes dans l'eau bouillante salée puis décortiquer. Réserver la chair pour les rouleaux.
- Assaisonner les demi-queues avec les épices cajun et badigeonner d'huile. Réserver.

Farce pour rouleaux de printemps

^{1}/$_2$	courgette verte moyenne
^{1}/$_2$	courgette jaune moyenne
1	carotte moyenne
1	poivron rouge
125 ml (^{1}/$_2$ tasse)	chou chinois moyen
45 ml (3 c. à soupe)	coriandre fraîche hachée
8	pinces et pattes de homard ou 375 ml (1 ^{1}/$_2$ tasse)
15 ml (1 c. à soupe)	sauce poisson (fish sauce)
15 ml (1 c. à soupe)	vinaigre de riz assaisonné
au goût	sel, poivre

Pour les rouleaux

- Couper la pelure de la courgette en julienne en utilisant seulement la pelure.
- Éplucher la carotte et épépiner le poivron puis tailler en julienne.
- Émincer finement le chou chinois.
- Dans une casserole, amener de l'eau à ébullition et blanchir chaque légume séparément et égoutter.
- Mélanger la coriandre avec les légumes et la chair de homard.
- Ajouter la sauce poisson et le vinaigre de riz assaisonné. Rectifier l'assaisonnement.

8	feuilles de riz circulaires 15 cm (6 po)

Finition des rouleaux

- Tremper chaque feuille de riz dans l'eau tiède pour la ramollir, déposer sur un linge de coton.
- Mettre de la farce à 2,5 cm (1 po) du bord de la feuille et plier chaque côté vers le centre, rouler.

Sauce au miel et à l'huile épicée

2	grosses échalotes grises
1	gousse d'ail
15 ml (1 c. à soupe)	gingembre haché
30 ml (2 c. à soupe)	huile épicée
15 ml (1 c. à soupe)	miel
30 ml (2 c. à soupe)	sauce soya
125 ml (^{1}/$_2$ tasse)	saké
125 ml (^{1}/$_2$ tasse)	crème 35 %
	sel

Pour la sauce au miel

- Émincer les échalotes. Dégermer l'ail et l'émincer finement.
- Faire revenir l'échalote et l'ail avec le gingembre dans l'huile épicée, ajouter le miel et la sauce soya.
- Déglacer avec le saké et laisser réduire de moitié. Ajouter la crème et réduire du quart.
- Réserver.

Cuisson et présentation

- Déposer les demi-queues de homard sur le gril du côté chair, cuire 3 minutes. Retourner sur le côté de la carapace 1 minute et assaisonner. Déposer deux demi-queues sur chaque assiette accompagnées de deux rouleaux. Décorer avec des fleurs de coriandre fraîche.

Bagatelle tropicale à la papaye.
(Pour 4 personnes)

Biscuit/gâteau

2	*jaunes d'œufs*
60 ml (¼ tasse)	*sucre*
30 ml (2 c. à soupe)	*farine à pâtisserie*
30 ml (2 c. à soupe)	*fécule*
160 ml (⅔ tasse)	*noix coco fraîche, râpée*

Pour le biscuit
- Blanchir les jaunes d'œufs avec le sucre.
- Épaissir au malaxeur à haute vitesse.
- Tamiser la farine et la fécule et incorporer au mélange d'œufs.
- Ajouter la noix de coco râpée et mélanger.
- Étendre sur une tôle à biscuit préalablement beurrée et enfarinée de 20 cm x 30 cm (8 po x 12 po). Cuire au four à 350 °F (180 °C), 15 minutes.

Crème pâtissière

375 ml (1½ tasse)	*lait*
1	*gousse de vanille*
250 ml (1 tasse)	*noix de coco fraîchement râpée ou*
125 ml (½ tasse)	*noix de coco séchée*
4	*jaunes d'œufs*
80 ml (⅓ tasse)	*sucre*
30 ml (2 c. à soupe)	*fécule de tapioca ou de maïs*
125 ml (½ tasse)	*crème fouettée*

Pour la crème pâtissière
- Dans une casserole, amener à ébullition le lait, la vanille et la noix de coco râpée.
- Dans un bol, mélanger ensemble les jaunes d'œufs, le sucre, la fécule. Ajouter peu à peu le mélange de lait bouillant. Remettre à cuire, à feu doux, en remuant fréquemment jusqu'à épaississement (3 à 5 minutes.). Refroidir.
- Incorporer la crème fouettée.

Compote de papayes

1	*papaye mûre moyenne*
	jus de deux oranges
80 ml (⅓ tasse)	*sucre*

Pour la compote
- Peler et épépiner la papaye et la couper en petits cubes. Faire cuire à feu doux avec le sucre et le jus d'orange jusqu'à consistance épaisse, environ 20 à 25 minutes.

Sirop de coco

200 ml (¾ tasse)	*lait de coco*
60 ml (¼ tasse)	*sucre*
30 ml (2 c. à soupe)	*rhum*

Pour le sirop
- Amener tous les ingrédients à ébullition 5 minutes et réserver.

Finition et présentation
- Utiliser des coupes à martini pour la présentation.
- Découper 4 biscuits ronds de 2 ½ cm (1 po) et 4 autres de 5 cm (2 po).
- Déposer au fond du verre 15 ml (1 c. à soupe) de crème pâtissière, 15 ml (1 c. à soupe) de compote de papayes et un cercle de biscuit de 2 ½ cm (1 po), imbiber de sirop de coco au rhum.
- Répéter la même opération avec les biscuits de 5 cm (2 po). Décorer avec une croustille d'ananas, une tranche de carambole et du sucre filé.

Louis a insisté pour présenter ce plat à la verticale plutôt qu'à l'horizontale pour mettre en valeur les couleurs et les textures. Choisissez la présentation qui vous plaît. Notre photographe aurait-il été inspiré par le célèbre pâté chinois de « Môman »?

Salade de papayes pour « Olive »
(Pour 4 personnes)

Salade de papayes pour « Olive »

2	*papayes*
2	*tomates moyennes*
1	*petit piment fort haché*
10 ml (2 c. à thé)	*sucre*
30 ml (2 c. à soupe)	*jus de citron vert*
30 ml (2 c. à soupe)	*feuilles de coriandre fraîches*

Pour la salade
- Couper la papaye en deux, retirer les pépins et trancher en lanières.
- Glisser la lame d'un couteau entre la chair et la pelure et garder celle-ci.
- Faire une macédoine avec la papaye.
- Couper les tomates en deux, épépiner et couper en macédoine.
- Mélanger ensemble et aromatiser cette salade avec le piment fort, le sucre, le jus de citron vert et les feuilles de coriandre fraîches.

Pétoncles de Havre-Saint-Pierre au corail de langoustines, salade de fenouil à l'orange. (Pour 4 personnes)

Pétoncles et langoustines

12	*pétoncles (grosseur 10/20)*
12	*langoustines (grosseur 26/30)*
30 ml (2 c. à soupe)	*beurre clarifié*

Pour les pétoncles et les langoustines

- Dénerver les pétoncles et décortiquer les langoustines. Inciser les langoustines de façon à extraire les boyaux intestinaux.
- Entourer les pétoncles d'une langoustine, elle doit recouvrir la moitié des pétoncles.
- Fixer avec un cure-dents. Réserver.

Émulsion de jus de fenouil et d'huile d'olive

2	*gros bulbes de fenouil de 500 g (1 lb)*
15 ml (1 c. à soupe)	*pernod*
60 ml (1/4 tasse)	*vin blanc*
15 ml (1 c. à soupe)	*miel*
30 ml (2 c. à soupe)	*poudre d'anis*
80 ml (1/3 tasse)	*huile d'olive*
5 ml (1 c. à thé)	*vinaigre à l'estragon*
au goût	*sel, poivre*

Pour l'émulsion

- Retirer les cœurs de fenouil et couper les bulbes en morceaux, passer à l'extracteur à jus. (Donne environ 500 ml ou 2 tasses).
- Dans une casserole faire réduire le jus de fenouil avec le pernod, le vin blanc, le miel et la poudre d'anis jusqu'à ce qu'il reste 160 ml (2/3 tasse). Verser le liquide réduit dans le récipient du pied mélangeur.
- Émulsionner l'huile à l'aide d'un pied mélangeur. Ajouter 5 ml (1/2 c. à thé) de vinaigre à l'estragon, assaisonner.

Salade de fenouil à l'orange

1	*gros bulbe de fenouil de 500 g (1 lb)*
2	*oranges*
125 ml (1/2 tasse)	*émulsion de fenouil*
au goût	*sel, poivre*

Pour la salade

- Émincer le bulbe à la mandoline le plus fin possible.
- Peler à vif les oranges et prélever les suprêmes, hacher en petits cubes.
- Verser l'émulsion sur le fenouil émincé et les cubes d'orange. Assaisonner et laisser mariner 1 heure.

Cuisson et finition

- Cuire les pétoncles dans une poêle antiadhésive une minute de chaque côté avec un peu de beurre clarifié, assaisonner.
- Mettre la salade de fenouil sur chaque assiette et déposer 3 pétoncles sur la salade.
- Verser, autour, le reste de l'émulsion.
- Décorer avec du fenouil frit.

Un pétoncle a parfois un corail qu'on peut manger. Comme c'est très rare, j'ai créé une recette où la langoustine remplace le corail.

Buisson de fruits de mer marinés aux herbes et à l'huile d'olive vierge. (Pour 4 personnes)

Buisson

120 g (4 oz)	*moules de Nouvelle-Zélande*
90 g (3 oz)	*pétoncles*
45 ml (3 c. à soupe)	*jus de citron*
90 g (3 oz)	*petits calmars*
45 ml (3 c. à soupe)	*huile d'olive*
90 g (3 oz)	*crevettes de Sept-Îles*
90 g (3 oz)	*chair de homard*
45 ml (3 c. à soupe)	*fines herbes hachées (ciboulette, cerfeuil, estragon)*
125 ml (1/2 tasse)	*huile d'olive*
5 ml (1 c. à thé)	*vinaigre de xérès*
au goût	*sel, poivre*

Pour le buisson

- Ouvrir les moules à la vapeur et les décortiquer.
- Dénerver les pétoncles et émincer en rondelles de 3 mm (1/8 po) d'épaisseur.
- Arroser de jus de citron et laisser mariner 10 minutes.
- Nettoyer les calmars et retirer la tête. Rincer à grande eau à l'intérieur et arracher la peau et les ailerons.
- Trancher en rondelles de 5 mm (1/4 po) d'épaisseur et garder les têtes intactes.
- Poêler les calmars émincés et les têtes 15 secondes avec l'huile d'olive sans colorer puis assécher sur un papier absorbant.
- Mettre tous les ingrédients dans un bol en inox et ajouter l'huile d'olive puis le vinaigre, assaisonner.

Finition et présentation

- Remplir quatre emporte-pièces de 6 cm (2 3/8 po) de diamètre avec le mélange aux fruits de mer et piquer au centre un buisson de laitue. Retirer les emporte-pièces.
- J'ai décoré ici avec des œufs de poissons volants et une coquille de moule de Nouvelle-Zélande; nouveau produit qui arrive frais à l'occasion et qui est aussi vendu surgelé dans les épiceries asiatiques. La coquille est superbe et la chair, orangée et très volumineuse.

Ce petit truc vaut aussi pour les terrines, les flans, les ramequins.

Roulade de poivron au fromage de chèvre et à l'huile parfumée au romarin. (Pour 4 personnes)

Roulade

Roulade de poivron
4	*gros poivrons rouges*

Pour l'appareil de chèvre
80 ml (1/3 tasse)	*beurre ramolli*
100 g (1/2 tasse)	*fromage de chèvre à la température de la pièce*
30 ml (2 c. à soupe)	*crème 35 %*

Huile de romarin express
500 ml (2 tasses)	*huile d'olive*
250 ml (1 tasse)	*brindilles de romarin*
2	*gousses d'ail*

Garniture
60 ml (4 c. à soupe)	*huile de romarin*
30 ml (2 c. à soupe)	*vinaigre balsamique*
2	*focaccias (pains)*
30 ml (2 c. à soupe)	*pignons de pin*

Pour les poivrons
- Griller les poivrons au four à 450 °F (230 °C), 15 minutes sur une tôle, jusqu'à ce que la peau semble se détacher. Peler er réserver.
- Couper les poivrons en deux et les épépiner. Avec un tranche-lard, égaliser l'intérieur en enlevant les membranes blanches.

Pour le fromage de chèvre
- Dans un petit robot, réduire le beurre en crème et incorporer doucement le fromage de chèvre. Ajouter la crème fouettée doucement avec une spatule.
- Mettre dans une poche à décorer munie d'une grosse douille. Réserver.

Pour l'huile de romarin
- Vider l'huile d'olive dans le mélangeur, ajouter 250 ml (1 tasse) de brindilles de romarin et mélanger à vitesse maximale.
- Filtrer l'huile dans un coton à fromage ou un filtre à café.

Finition et présentation
- Déposer le demi-poivron sur une pellicule de plastique. Avec la poche, appliquer un ruban de fromage au milieu. Rouler et fermer les bouts de la pellicule de plastique. Réfrigérer.
- Développer les roulades et couper en biseau.
- Poser deux morceaux sur chaque assiette.
- Arroser de filets d'huile de romarin et de quelques gouttes de vinaigre balsamique.
- Servir avec des pointes de focaccias grillés, quelques pignons de pin et des branches d'herbes fraîches.

Coupez les roulades après les avoir parfaitement réfrigérées et gardez-les à la température de la pièce 5 ou 10 minutes avant de les servir.

Céviche de pétoncles aux poivrons comme Suzanne en raffole. (Pour 4 personnes)

Pétoncles

375 g (³/4 lb)	*pétoncles frais*
45 ml (3 c. à soupe)	*jus de lime*

Poivrons

¹/2	*poivron jaune*
¹/2	*poivron vert*
¹/2	*poivron rouge*
2	*pincées de sel*

Garniture

60 ml (¹/4 tasse)	*huile d'olive*
60 ml (¹/4 tasse)	*huile végétale*
1	*tomate moyenne en brunoise*
30 ml (2 c. à soupe)	*oignon rouge haché*
30 ml (2 c. à soupe)	*Tequila*
au goût	*sel, poivre du moulin*
	feuilles de frisée rouge
	persil de mer
	croustilles de taro

Pour les pétoncles
• Émincer les pétoncles en fines rondelles et les faire mariner dans un bol avec le jus de lime, environ 10 minutes.

Pour les poivrons
• Pendant ce temps, trancher les poivrons en deux, épépiner et émincer finement.
• Dégorger avec 2 bonnes pincées de sel, 10 minutes.

Finition
• Mélanger les pétoncles avec leur jus de lime et les poivrons égouttés.
• Ajouter les huiles et bien mélanger.
• Ajouter la tomate et l'oignon haché.
• Arroser de quelques gouttes de Tequila.
• Assaisonner.

Suggestion de présentation
• Disposer les pétoncles dans des petits bols à soupe.
• Décorer avec des feuilles de frisée rouge et du persil de mer. Servir avec des croustilles de taro ou des nachos.

J'ai inventé pour ma femme Suzanne cette recette qui ne requiert que très peu d'ingrédients: une lime, quelques pétoncles frais et deux ou trois piments. La recette a évolué depuis ce petit voyage dans le Maine mais Suzanne en raffole toujours autant. Une preuve que les produits frais et beaucoup d'amour font bon ménage.

Croustillant aux pommes et caramel d'érable.
(Pour 4 personnes)

4	grosses pommes Golden
	jus d'un demi-citron
250 ml (1 tasse)	sirop d'érable
250 ml (1 tasse)	crème 35 %

Filo

4	feuilles de pâte filo
30 ml (2 c. à soupe)	sirop d'érable
30 ml (2 c. à soupe)	beurre clarifié
30 ml (2 c. à soupe)	pailleté
	ou Corn Flakes émiettés
15 ml (1 c. à soupe)	sucre d'érable

Garniture

petits fruits frais
pommes
feuilles de menthe

Pour les pommes
- Peler les pommes, enlever le cœur et couper en quartiers puis arroser de jus de citron.
- Dans une poêle, amener le sirop d'érable à la cuisson du caramel et ajouter les pommes en les caramélisant. Verser la crème.
- Retirer les pommes et laisser réduire le caramel jusqu'à consistance crémeuse. Réfrigérer et réserver le caramel.

Pour le filo
- Couper les feuilles de pâtes filo en deux pour former des triangles.
- Badigeonner de sirop et superposer deux par deux.

Finition et présentation
- Déposer les pommes au milieu des triangles, replier en deux en fermant les rebords.
- Badigeonner le dessus de beurre clarifié. Mélanger le pailleté avec le sucre d'érable et saupoudrer le tout sur les triangles de filo.
- Piquer une brochette de bois dans le triangle pour faire tenir l'une des pointes en l'air et cuire au four à 375 °F (190 °C), 12 minutes. Verser un peu de caramel en cordon autour des assiettes. Déposer un croustillant au milieu.
- Décorer avec des fruits et de pommes cristallisées. J'ai rajouté ici un treillis de pommes et quelques feuilles de menthe.

Carré de cochonnet aux bleuets séchés et sa brandade.
(Pour 6 personnes)

Carrés

2	carrés de cochonnet de 1,5 kilo (3 lb) chacun
30 ml (2 c. à soupe)	huile d'olive
1 noix	beurre
	os et parure
125 ml (1/2 tasse)	mirepoix

Brandade de cochonnet

2	flancs de cochonnet
1 litre (4 tasses)	bouillon de volaille
1	gousse d'ail hachée
1 branche	de thym
1	feuille de laurier
500 g (1 lb)	pommes de terre
80 ml (1/3 tasse)	huile d'olive
15 ml (1c. à soupe)	huile de truffe blanche (facultatif)
au goût	sel, poivre

Sauce

30 ml (2 c. à soupe)	miel
30 ml (2 c. à soupe)	vinaigre de framboise
250 ml (1 tasse)	bleuets frais
125 ml (1/2 tasse)	vin rouge
250 ml (1 tasse)	fond de veau
125 ml (1/2 tasse)	bleuets séchés

Cette recette sera un succès si la cuisson rosée de la viande est respectée. Tendreté, chair juteuse, finesse du goût sont à l'honneur.

Préparation des carrés
- Désosser les carrés de cochonnet et réserver le flanc pour la brandade. Gratter le bout des côtes, ficeler et réserver les os pour la sauce.

Pour la brandade
- Faire confire la partie recouvrant le carré (flanc) dans un bouillon de volaille à faible ébullition pendant 2 heures avec l'ail, le thym et la feuille de laurier.
- Pendant ce temps, cuire les pommes de terre à l'eau avec un peu de sel.
- Égoutter et passer les pommes de terre au presse-purée.
- Récupérer toute la chair de cochonnet sur le flanc cuit.
- Mélanger ensemble la chair de cochonnet et la purée de pommes de terre. Incorporer l'huile d'olive, l'huile de truffe blanche et assaisonner.

Pour la cuisson des carrés
- Saisir les carrés dans un sautoir avec l'huile et une noix de beurre. Ajouter les os concassés, les parures et la mirepoix.
- Cuire au four à 350 °F (180 °C) pendant 15 à 20 minutes, et laisser reposer. Mettre les carrés sur une plaque et garder à la chaleur.

Pour la sauce
- Remettre le sautoir sur le feu, ajouter le miel et bien caraméliser. Déglacer avec le vinaigre, ajouter les bleuets frais et cuire quelques minutes.
- Mouiller avec le vin rouge. Réduire du tiers puis ajouter le fond de veau et réduire à nouveau d'un tiers.
- Passer le tout au tamis et ajouter les bleuets séchés. Laisser mijoter quelques minutes.

Finition et présentation
- Retirer la ficelle des carrés et trancher 18 côtelettes.
- Déposer la brandade à l'intérieur d'emporte-pièces circulaires sur des assiettes très chaudes et retirer les emporte-pièces. Mettre 3 côtes adossées à la brandade et verser un peu de sauce autour. Garnir de pommes pailles frites faites à partir de patates bleues, d'une branche de sariette et de quelques fleurs de bleuets.

Filet de porc, sauce barbecue thaï aux prunes
(Pour 4 personnes)

Ponzu

250 ml (1 tasse)	bouillon de poulet
60 ml (4 c. à soupe)	soya
30 ml (2 c. à soupe)	vinaigre de riz
30 ml (2 c. à soupe)	jus de lime
15 ml (1 c. à soupe)	jus de gingembre

Filet de porc

500 g (1 lb)	filet de porc
125 ml (1/2 tasse)	ponzu
au goût	sel, poivre

Sauce aux prunes

30 ml (2 c. à soupe)	huile d'arachide
30 ml (2 c. à soupe)	gingembre haché
2	gousses d'ail
2	petits piments forts hachés
45 ml (3 c. à soupe)	miel
10	prunes rouges
125 ml (1/2 tasse)	ponzu
250 ml (1 tasse)	bouillon de volaille

Nouilles et feuilles de moutarde

250 g (1/2 lb)	1 paquet de nouilles aux œufs (wonton)
500 ml (2 tasses)	ou 2 grosses bottes de feuilles de moutarde
45 ml (3 c. à soupe)	huile de sésame grillé
15 ml (1 c. à soupe)	vinaigre de riz

Pour le ponzu
- Mélanger tous les ingrédients et amener à ébullition. Réserver.

Pour les filets
- Enlever le gras sur la surface des filets et faire mariner dans le ponzu quelques heures.
- Réserver pour la cuisson. Assaisonner.

Pour la sauce aux prunes
- Dans une casserole de 25 cm (10 po) chauffer l'huile, sauter le gingembre et l'ail.
- Ajouter le piment, le miel et les prunes, laisser compoter quelques minutes. Ajouter 125 ml (1/2 tasse) de ponzu et le bouillon de volaille et cuire 30 minutes à feu moyen. Au terme de la cuisson, passer au tamis.

Pour les nouilles et les feuilles de moutarde
- Cuire les nouilles à l'eau bouillante légèrement salée.
- Sauter les feuilles de moutarde à l'huile de sésame grillé et déglacer avec le vinaigre. Ajouter les nouilles et remuer sans les briser.

Cuisson
- Préchauffer le gril à chaleur moyenne et badigeonner les filets de porc de sauce aux prunes. Griller sur toute les faces tout en badigeonnant fréquemment 15 à 20 minutes.
- Couper les filets en deux.

Présentation
- Mettre les pâtes et les feuilles de moutarde au centre des assiettes, déposer dessus un demi-filet de porc grillé et entourer d'un cordon de sauce aux prunes.
- Accompagner d'oignons frits (voir recette de calmars en page 27).

Caille rôtie au portabella et sa crêpe d'aubergine à l'ail doux. (Pour 4 personnes)

Cailles

4	cailles de 180 g (6 oz) chacune (extra jumbo)
2	champignons portabella (moyens)
45 ml (3 c. à soupe)	huile d'olive
4	fines tranches de pancetta
4	feuilles de basilic
au goût	sel, poivre

Crêpe d'aubergine à l'ail doux

1	aubergine moyenne
8	gousses d'ail en chemise
45 ml (3 c. à soupe)	huile d'olive
3	œufs
200 ml (3/4 tasse)	farine
125 ml (1/2 tasse)	lait
au goût	sel, poivre

Sauce

	os des cailles
125 ml (1/2 tasse)	mirepoix
125 ml (1/2 tasse)	vin rouge
125 ml (1/2 tasse)	porto
250 ml (1 tasse)	fond de volaille
5 ml (1 c. à thé)	thym frais
1	feuille de laurier
30 ml (2 c. à soupe)	basilic ciselé
125 ml (1/2 tasse)	tomate en brunoise
au goût	sel, poivre

Le fait d'embrocher la caille avec des baguettes de bois élimine la tâche délicate de ficeler.

Pour les cailles

- Désosser les cailles par le dos et couper le bout des ailes. Concasser les os pour la sauce. Étendre les cailles à plat sur une planche de travail.
- Trancher les portabella en quatre et les saisir à l'huile d'olive dans une poêle, assaisonner.
- Enrouler 2 tranches de champignons dans chaque tranche de pancetta. Déposer au centre de la caille avec une feuille de basilic, refermer la caille.
- Avec des baguettes de bois, transpercer la chair près des deux ailes et rejoindre les deux cuisses ou ficeler.

Pour la crêpe d'aubergine

- Couper l'aubergine en deux, faire des incisions à l'intérieur avec une lame de couteau et y insérer les gousses d'ail. Assaisonner. Arroser d'huile d'olive et déposer sur une petite tôle à pâtisserie couverte de gros sel. Mettre au four à 325 °F (160 °C) 1 heure.
- Retirer les gousses d'ail et récupérer la pulpe. Évider l'aubergine et mettre la chair dans un robot culinaire avec la pulpe d'ail. Mélanger le tout à vitesse maximale, ajouter les œufs, la farine et le lait.

Pour la sauce

- Dans une grande casserole chauffer l'huile, saisir les os de cailles concassés avec la mirepoix.
- Déglacer avec le vin rouge et le porto, réduire de moitié.
- Ajouter le fond de volaille, le thym frais et la feuille de laurier.
- Cuire 30 minutes à feu doux et passer au tamis.
- Ajouter le basilic ciselé et la brunoise de tomate. Réserver.

Cuisson et finition

- Dans une grande poêle antiadhésive, verser une louche de pâte à crêpe d'aubergine et l'étendre très mince avec une spatule coudée. Cuire 1 minute sur chaque face. Vous aurez besoin d'une crêpe par caille. Déposer les cailles sur le gril, badigeonner d'huile d'olive. Cuire 6 à 8 minutes sur chaque côté, assaisonner.

Présentation

- Mettre une crêpe sur chaque assiette, déposer une caille et napper de sauce.
- Décorer avec des feuilles de basilic frit.

Polenta au parmesan et portabella.
(Pour 4 personnes)

Polenta

1,5 litres (6 tasses)	eau
5 ml (1 c. à thé)	sel
250 ml (1 tasse)	semoule de maïs
30 ml (2 c. à soupe)	beurre
375 ml (1 1/2 tasse)	fromage parmesan (fraîchement râpé)
2,5 ml (1/2 c. à thé)	poivre noir moulu

Pour la polenta
- Dans une casserole, amener l'eau à ébullition avec le sel, ajouter en pluie la semoule en fouettant pour éviter la formation de grumeaux. Réduire le feu et cuire 30 minutes en brassant fréquemment.
- Lorsque la polenta est cuite, incorporer le beurre, le fromage râpé et le poivre. Mouler dans une terrine préalablement chemisée d'un papier film. Mettre au réfrigérateur et réserver.

Portabella

2	gros portabella
60 ml (4 c. à soupe)	huile d'olive
au goût	sel, poivre

Pour les portabella
- Couper les deux champignons en 8 tranches de 1,5 cm (1/2 po) d'épaisseur. Saisir à l'huile d'olive dans une poêle bien chaude 1 minute de chaque côté puis assaisonner. Finir au four si nécessaire. Garder au chaud.

Fondue de tomates aux herbes

2	gousses d'ail haché
45 ml (3 c. à soupe)	échalotes vertes
30 ml (2 c. à soupe)	huile d'olive
4	belles tomates (mûres et fermes)
60 ml (1/4 tasse)	vin blanc
30 ml (2 c. à soupe)	feuilles de basilic et d'estragon
60 ml (1/4 tasse)	huile d'olive extra vierge
au goût	sel, poivre

Pour la fondue
- Faire revenir l'ail avec les échalotes dans un peu d'huile d'olive.
- Ajouter les tomate mondées, coupées en brunoise, et cuire 2 minutes. Déglacer avec le vin et ajouter les herbes hachées et l'huile d'olive, rectifier l'assaisonnement.

Cuisson et finition
- Couper la polenta en 8 tranches de 1,5 cm (1/2 po) d'épaisseur, saisir de chaque côté à l'huile d'olive dans une poêle antiadhésive. Déposer une tranche de polenta par assiette. Appuyer deux tranches de champignons sur la polenta.
- Napper légèrement de fondue de tomates fraîches aux herbes. Décorer avec du basilic pourpre.

Pour réussir la cuisson de la polenta, la poêle doit être chaude et il faut laisser une croûte dorée se former avant de retourner les tranches pour dorer l'autre surface.

Carpaccio de portabella grillé à l'aïoli au romarin.
(Pour 4 personnes)

Carpaccio

4	gros portabella de 120 g (4 oz) chacun
80 ml (1/3 tasse)	huile d'olive
au goût	sel, poivre

Pour les champignons
- Enlever la peau sur le chapeau du champignon. Couper le pied près des lamelles puis gratter celles-ci.
- Escaloper les champignons en fines tranches de 3 mm (1/8 po) d'épaisseur, badigeonner d'huile d'olive et marquer sur le gril.
- Disposer les tranches sur toute la surface du fond des assiettes. Assaisonner.

Marinade

15 ml (1 c. à soupe)	échalote hachée
15 ml (1 c. à soupe)	jus de citron
30 ml (2 c. à soupe)	vinaigre balsamique
90 ml (6 c. à soupe)	huile d'olive
15 ml (1 c. à soupe)	huile de truffe blanche (facultatif)
au goût	sel, poivre

Pour la marinade
- Mélanger tous les ingrédients de la marinade et assaisonner au goût.

Aïoli au romarin

2	jaunes d'œufs
5 ml (1 c. à thé)	moutarde de Dijon
15 ml (1 c. à soupe)	vinaigre de xérès
200 ml (3/4 tasse)	huile d'olive
5 ml (1 c. à thé)	ail haché
30 ml (2 c. à soupe)	romarin haché
au goût	sel, poivre

Pour l'aïoli
- Procéder comme pour faire une mayonnaise. Mélanger les jaunes, la moutarde, le vinaigre de xérès, l'ail et incorporer l'huile goutte à goutte puis ajouter le romarin. Assaisonner et passer dans un mini-robot pour liquéfier les herbes.
- Verser dans un petit cornet en papier ciré et couper le bout.

Finition et présentation
- Avec un pinceau badigeonner de marinade les tranches de champignons grillées.
- Tracer de fines lanières d'aïoli (avec le petit cornet). Parsemer de quelques copeaux de parmesan. Je suggère d'accompagner ce plat d'un buisson de légumes marinés.

Les champignons portabella sont maintenant faciles à trouver partout. Choisissez les champignons les plus fermes et dont les lamelles sous le chapeau sont intactes. Mon ami Normand Laprise et moi les avions dégustés pour la première fois en Californie, il y a quelques années.

Rouleau de printemps au crabe des neiges, tartare de légumes à l'avocat. (Pour 4 personnes)

Tartare de légumes

2	carottes nouvelles moyennes
1	courgette moyenne
4	petits radis
2	branches de céleri
1	petit oignon
2	avocats mûrs
10 ml (2 c. à thé)	jus de citron
au goût	sel, poivre

Mayonnaise à la wasabi

Voir recette p. 91

Rouleaux de printemps

4	feuilles de riz 15 cm (6 po)
240 g (1/2 lb)	chair de crabe frais
80 ml (1/3 tasse)	carotte en julienne
80 ml (1/3 tasse)	concombre anglais en julienne
1	avocat
1	recette de mayonnaise à la wasabi
	coriandre fraîche
15 ml (1 c. à soupe)	huile d'olive
	feuilles d'arroche
quelques gouttes	soya

Normand Laprise, chef propriétaire du restaurant « Toqué! » est mon grand ami. Il a toujours été pour moi une source d'inspiration. Comme il est très discret sur le contenu de ses recettes, je me suis amusé ici à reprendre un de ses grands classiques à ma façon.

Pour le tartare de légumes

- Peler les carottes, laver la courgette et les radis, éliminer les fils sur les branches de céleri avec un couteau économe. Peler l'oignon, tailler tous les légumes en petites brunoises.
- Amener 1 litre (4 tasses) d'eau légèrement salée à ébullition et y plonger la brunoise. Égoutter et refroidir aussitôt.
- Réduire en purée les avocats avec le jus de citron et incorporer aux légumes avec un peu de sel et poivre.

Pour les rouleaux de printemps

- Tremper les feuilles de riz dans un bassin d'eau tiède.
- Égoutter sur un linge de coton.
- Séparer le crabe en quatre parties égales et presser entre les mains pour extraire le surplus de jus.
- Mettre au bas des feuilles rondes d'abord le crabe, étendre ensuite la julienne de carottes, la julienne de concombre anglais ainsi que des tranches d'avocats.
- Ajouter un peu de mayonnaise à la wasabi et quelques feuilles de coriandre puis rouler.

Finition et présentation

- Trancher en tronçons de 3 cm (1 1/4 po) d'épaisseur et déposer sur les assiettes.
- Dans un emporte-pièce de métal de 3 cm (1 1/4 po) de diamètre, mouler un petit tartare de légumes dans chaque assiette, à côté des rouleaux. Garnir de feuilles d'arroche.
- Remplir un cornet en papier avec la mayonnaise à la wasabi et faire un quadrillage dans l'assiette. Verser quelques gouttes d'un mélange fait d'huile d'olive et d'un peu de soya.

Rouleaux impériaux de mon ami Bounmy.
(Pour 4 à 6 personnes)

Farce à rouleau

250 g (env. 1/2 livre)	crevettes de Sept-Îles
1	oignon moyen
1	carotte moyenne
2 petits paquets	vermicelle de riz de 50 g (2 oz)
250 ml (1 tasse)	black fungus
250 g (1/2 livre)	porc haché
5 ml (1 c. à thé)	ail haché
125 ml (1/2 tasse)	sauce aux huîtres
125 ml (1/2 tasse)	feuilles de coriandre
30 ml (2 c. à soupe)	sauce poisson (nvoc-man)
au goût	sel, poivre

Sauce à rouleaux

80 ml (1/3 tasse)	sauce de poisson (nuoc man)
80 ml (1/3 tasse)	vinaigre blanc
80 ml (1/3 tasse)	eau
125 ml (1/2 tasse)	sucre
1	gousse d'ail moyenne, hachée
30 ml (2 c. à soupe)	carottes râpées (comme pour le parmesan)

Rouleaux

1 paquet	pâte à « Spring rolls » ou à rouleaux impériaux (25 feuilles) 20 cm² (8 po²)
30 ml (2 c. à soupe)	farine ou fécule de tapioca
30 ml (2 c. à soupe)	eau

Bounmy est le propriétaire d'un petit restaurant à Québec nommé le « Erawan ». Pour être certain que je fasse l'authentique recette vietnamienne, il est venu me l'enseigner dans mon restaurant.

Pour la farce

- Passer les crevettes au hachoir à viande.
- Éplucher les oignons et la carotte et passer au hachoir à viande. Dans un linge de coton, presser les légumes pour en extraire l'eau.
- Amener à ébullition 1 litre (4 tasses) d'eau et cuire les deux petits paquets de vermicelle, laisser gonfler puis égoutter.
- D'autre part, mettre à tremper dans l'eau tiède les « black fungus » émincés.
- Déposer les vermicelles dans le robot et pulser quelques secondes. Faire de même avec les fungus.
- Mélanger tous les ingrédients ensemble avec la viande de porc haché.
- Ajouter l'ail haché, la sauce aux huîtres, la coriandre hachée et la sauce poisson, bien mélanger et rectifier l'assaisonnement au goût sel et poivre.

Pour la sauce

- Mélanger tous les ingrédients de la sauce et porter à ébullition.
- Donne environ 400 ml (1 3/4 tasse) de sauce.

Montage des rouleaux

- Couper chaque feuille de pâte à rouleaux en deux triangles.
- Déposer de la farce sur une longueur de 5 cm (2 po) sur un côté du triangle. Replier les pointes à chaque extrémité vers le centre de la farce et rouler.

Colle à rouleaux

- Mélanger la farine et l'eau jusqu'à ce que la pâte devienne élastique.
- Déposer un peu de cette colle sur la pointe de la pâte et enfoncer les bouts de chaque côté afin de bien tasser la farce.

Cuisson et présentation

- Faire frire à 350 °F (180 °C) de 4 à 6 minutes et servir avec la sauce au poisson et des pousses de tournesol.

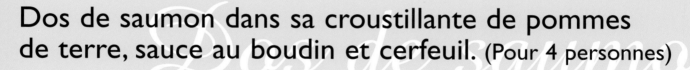

Dos de saumon dans sa croustillante de pommes de terre, sauce au boudin et cerfeuil. (Pour 4 personnes)

Dos de saumon

Sauce au boudin et cerfeuil

30 ml (2 c. à soupe)	*échalotes grises hachées*
250 ml (1 tasse)	*vin rouge*
160 ml (²/3 tasse)	*fond de veau*
125 g (¹/2 tasse)	*boudin noir*
30 ml (2 c. à soupe)	*beurre*
30 ml (2 c. à soupe)	*cerfeuil haché*
au goût	*sel, poivre*

Dos de saumon et croustillante de pommes de terre

625 g (1 ¹/4 lb)	*dos de saumon*
2	*pommes de terre moyennes (Yukon Gold)*
15 ml (1 c. à soupe)	*estragon haché*
15 ml (1 c. à soupe)	*thym haché*
1 noisette	*beurre*
30 ml (2 c. à soupe)	*huile d'olive*
au goût	*sel, poivre*

Pour la sauce au boudin

• Faire revenir les échalotes hachées et mouiller avec le vin rouge.
• Réduire de moitié.
• Ajouter le fond de veau et réduire à nouveau du tiers.
• Retirer la casserole du feu et ajouter le boudin et le beurre en petites parcelles.
• Passer au tamis fin.
• Ajouter le cerfeuil haché, assaisonner.
• La sauce ne doit jamais bouillir après y avoir ajouté le boudin.

Pour le saumon et la croustillante

• Demander à votre poissonnier 4 filets de 4 cm (1 ¹/2 po) de largeur, coupés dans la partie du dos d'un filet.
• À l'aide d'une mandoline, couper les pommes de terre en julienne et ajouter les herbes hachées, assaisonner et mélanger.

Cuisson et finition

• Recouvrir du mélange de pommes de terre le côté le plus plat du filet du saumon. Renverser le filet de saumon (sur le côté des pommes de terre) dans une poêle anti-adhésive, préalablement chauffée, avec un peu d'huile et une noisette de beurre. Cuire jusqu'à ce que les pommes de terre soient croustillantes, finir la cuisson sur l'autre côté 5 minutes au four à 325 °F (160 °C).

Présentation

• Déposer les dos de saumon sur quatre assiettes chaudes et verser la sauce autour. Servir avec des têtes de violon, décorer avec quelques branches de cerfeuil frais et une purée de céleri-rave.

Le goût très surprenant de cette sauce allie finesse et nouvelles saveurs. Évitez de mettre trop de pommes de terre en julienne sur le saumon pour qu'elles aient le temps de cuire et que le saumon reste moelleux. Rappelez-vous, il ne faut pas faire bouillir la sauce après y avoir incorporé le boudin.

Mille-feuilles de saumon frais et fumé de la Fée des Grèves à l'infusion d'herbes fraîches. (Pour 4 personnes)

Mille-feuilles

500 g (1 lb)	saumon frais
120 g (4 oz)	saumon fumé du fumoir de la Fée des Grèves

Fumet

250 g (env. ¹/₂ lb)	arêtes
1	oignon moyen
30 ml (2 c. à soupe)	huile d'olive
1	branche de thym
1	feuille de laurier
5	branches de persil
500 ml (2 tasses)	eau

Sauce à l'infusion d'herbes fraîches

30 ml (2 c. à soupe)	échalotes grises
15 ml (1 c. à soupe)	huile d'olive
60 ml (¹/₄ tasse)	vin blanc
125 ml (¹/₂ tasse)	fumet
200 ml (³/₄ tasse)	crème 35 %
30 ml (2 c. à soupe)	aneth haché
15 ml (1 c. à soupe)	persil haché
60 ml (4 c. à soupe)	basilic frais

La Fée des Grèves à Beauport est une jeune entreprise qui innove dans l'art de fumer les poissons, même ceux qu'on n'avait pas l'habitude de fumer tels les requins, l'espadon, le thon, les pétoncles. Rien ne les « arête »!

Pour le mille-feuilles

- Demander à votre poissonnier 4 pièces de saumon de 125 g (¹/₄ lb) dans le milieu du filet si possible.
- Vérifier qu'il ne reste pas d'arête sur le saumon, au besoin les retirer à l'aide d'une pince à désaréter.
- Escaloper chaque filet en 3 tranches, dans le sens de l'épaisseur.
- Couper les tranches de saumon fumé en rectangle, déposer sur les escalopes de poisson et superposer pour former les mille-feuilles. Réserver pour la cuisson.

Pour le fumet

- Tremper les arêtes à l'eau froide une heure.
- Dans une casserole, faire revenir l'oignon avec un peu d'huile d'olive, 1 branche de thym, 1 feuille de laurier, les branches de persil. Ajouter les arêtes et mouiller d'eau pour couvrir. Amener à ébullition, laisser mijoter quelques minutes. Passer au tamis et réserver.

Pour la sauce

- Dans une casserole faire revenir l'échalote grise à l'huile d'olive.
- Mouiller avec le vin blanc et le fumet, réduire de moitié et ajouter la crème. Amener à ébullition et retirer du feu. Ajouter les herbes et liquéfier immédiatement dans le mélangeur à vitesse maximum.

Cuisson et finition

- Déposer les 4 mille-feuilles dans un plat beurré et verser 125 ml (¹/₂ tasse) de fumet, couvrir d'un papier aluminium beurré. Cuire au four 5 minutes à 400 °F (200 °C), ils doivent être mi-cuits.
- Verser la sauce sur les assiettes et déposer les mille-feuilles au centre. Décorer de branches d'aneth. Servir avec une poêlée de haricots verts fins déposés sur le dessus.

Tartare de saumon à l'huile parfumée de homard.
(Pour 4 personnes)

Huile de homard

1 kg (2 lb)	carapaces de homard concassées sans les coffres (réserver les coffres pour faire une bisque)
1 litre (4 tasses)	eau
1 litre (4 tasses)	huile d'olive

N.B. Vous pouvez conserver cette huile quelques mois au réfrigérateur et l'utiliser pour les cuissons de poissons et les vinaigrettes pour les salades de crustacés.

Saumon

375 g (³/4 lb)	chair de saumon

Marinade

30 ml (2 c. à soupe)	échalotes grises
45 ml (3 c. à soupe)	herbes fraîches (aneth, ciboulette, estragon)
80 ml (¹/3 tasse)	huile parfumée de homard
30 ml (2 c. à soupe)	jus de citron
au goût	sel, poivre
1	concombre anglais
	quelques branches de ciboulette

Crème aigrelette

45 ml (3 c. à soupe)	crème 35 %
15 ml (1 c. à soupe)	vinaigre de vin rouge
30 ml (2 c. à soupe)	ciboulette ciselée

C'est en France au début de ma carrière que j'ai découvert les tartares de poissons. À partir de cette découverte, j'ai inventé des douzaines de façons de déguster les poissons crus ou marinés.

Pour l'huile de homard
- Dans un rondeau chauffer l'huile et y saisir les carapaces pendant une vingtaine de minutes sans les brûler.
- Mouiller avec l'eau et réduire presque à sec.
- Remouiller avec l'huile et laisser mijoter à faible ébullition 15 minutes. Laisser reposer 1 heure et filtrer dans un coton à fromage ou un filtre à café.

Pour le saumon
- Couper la partie brunâtre du filet et désarêter s'il y a lieu.
- Hacher la chair en petits cubes, réserver.

Pour la marinade
- Ciseler les échalotes et les fines herbes.
- Ajouter l'huile de homard et le jus de citron.
- Assaisonner.

Pour la crème
- Mélanger la crème avec le vinaigre de vin et fouetter pour épaissir. Ajouter la ciboulette, assaisonner.

Finition et présentation
- Incorporer une partie de la vinaigrette à la chair de saumon et assaisonner. Mouler les tartares à l'aide d'un emporte-pièce de 6 cm (2 po) de diamètre. Retirer l'emporte-pièce et enrouler chaque portion d'une tranche très mince de concombre anglais. Pour la présentation, insérer des croustilles de taro en plein centre et piquer des branches de ciboulette. Verser un peu de vinaigrette autour et un cordon de crème aigrelette.

Tournedos d'omble chevalier de la Gaspésie de mes rêves, à la crème fraîche au Pommeau d'or. (Pour 4 personnes)

Omble chevalier de mes rêves

625 g (1 ¹/4 lb)	filet d'omble chevalier de la Gaspésie ou de saumon
30 ml (2 c. à soupe)	huile d'olive
au goût	sel, poivre

Gratin de courgettes au saumon

2	courgettes moyennes
120 g (4 oz)	saumon fumé
30 ml (2 c. à soupe)	huile d'olive
30 ml (2 c. à soupe)	thym frais haché
au goût	sel, poivre

Crème au Pommeau d'or*

1 tasse (250 ml)	cidre de pommes
200 ml (³/4 tasse)	crème 35 %
au goût	sel, poivre

* Cidre apéritif de la région des Cantons de l'Est.

Pour l'omble
- Trancher le filet d'omble sur le sens de la largeur en 8 morceaux de 2,5 cm (1 po). Joindre deux morceaux ensemble, tête-bêche.
- Ficeler et réserver.

Pour le gratin de courgettes
- Couper les courgettes en fines rondelles de 3 mm (¹/8 po) à la mandoline chinoise.
- Sauter à l'huile d'olive avec le thym, assaisonner.
- Tapisser le fond de quatre grandes assiettes de saumon fumé et étaler les rondelles de courgettes sur toute la surface.

Pour la crème de cidre
- Mettre à réduire le cidre du deux tiers (5 à 10 minutes). Refroidir.
- Fouetter la crème assez ferme, ajouter la réduction de cidre puis détendre, s'il y a lieu, avec un peu de cidre. Assaisonner.

Cuisson et finition
- Poêler les 4 tournedos d'omble à demi-cuisson, assaisonner et les déposer au centre des courgettes sur les assiettes.
- Chauffer le four à 550 °F (225 °C) (gril).
- Napper l'omble de crème de cidre et déposer les assiettes sur la grille du haut du four. Glacer légèrement.
- Décorer avec des pousses de pois.

Le Pommeau d'or est un cidre apéritif de haute qualité qui mérite que l'on s'y attarde même longtemps. Peut-être trop longtemps pour moi puisque la nuit en rêve, j'ai créé une façon d'en parfumer une crème fraîche pour accompagner un omble de l'Arctique.

Faites frire les galettes de riz à la dernière minute pour que la pâte reste croustillante le plus longtemps possible.

Pizza sushi
(Pour 4 personnes)

Pizza sushi

Galette de riz

250 ml (1 tasse)	riz collant (botan)
375 ml (1 ¼ tasse)	eau
15 ml (1 c. à soupe)	vinaigre de riz assaisonné (marukan)

Pâte à tempura

250 ml (1 tasse)	farine de riz
1	jaune d'œuf
250 ml (1 tasse)	eau
15 ml (1 c. à soupe)	gingembre haché
30 ml (2 c. à soupe)	ciboulette chinoise ciselée
½	gousse ail haché

Mayonnaise à la wasabi

2	jaunes d'œufs
5 ml (1 c. à thé)	poudre de wasabi
15 ml (1 c. à soupe)	vinaigre de riz
45 ml (3 c. à soupe)	huile de sésame
60 ml (4 c. à soupe)	huile végétale
15 ml (1 c. à soupe)	soya
15 ml (1 c. à soupe)	graines de sésame

Ingrédients pour pizza

60 ml (¼ tasse)	concombre en bâtonnets de 2 cm (⁵⁄8 po)
60 ml (¼ tasse)	julienne de carottes
60 ml (¼ tasse)	julienne de daikon
15 ml (1 c. à soupe)	vinaigre de riz
15 ml (1 c. à soupe)	huile de sésame grillé
20 ml (4 c. à thé)	mayonnaise à la wasabi
4	belles tranches de saumon fumé
60 ml (4 c. à soupe)	crabe émietté
30 ml (2 c. à soupe)	œufs de poisson volant
80 ml (⅓ tasse)	tofu kinkuman en macédoine

Pour la galette de riz
- Cuire le riz comme pour le témaki (p. 57).
- Sur une pellicule de plastique former des galettes de 10 cm (4 po) par un peu moins de 1 cm (½ po) d'épaisseur en pressant très fortement pour que les galettes se tiennent bien.

Pour la pâte à tempura
- Verser et rabattre la farine vers le centre, mélanger dans un bol et faire une fontaine au milieu. Ajouter le jaune et l'eau au milieu, mélanger vigoureusement à l'aide d'un fouet.
- Ajouter le gingembre, la ciboulette chinoise et l'ail et ajouter à la pâte.

Pour la mayonnaise
- Pour la mayonnaise à la wasabi, mélanger les jaunes avec la poudre à wasabi, ajouter le vinaigre de riz.
- Incorporer peu à peu les huiles, le soya et les graines de sésame.

Cuisson et finition de la pizza
- Préparer les ingrédients de la pizza. Mélanger la julienne de légumes avec le vinaigre de riz et l'huile de sésame. Tremper les galettes dans la pâte tempura et frire rapidement dans l'huile d'arachide à 350 °F (180 °C).
- Lorsque les galettes sont dorées, éponger et déposer sur les assiettes.
- Tartiner de mayonnaise à la wasabi et mettre ensuite une tranche de saumon fumé. Ajouter, dessus, un buisson de julienne de légumes et 30 ml (2 c. à soupe) de crabe émietté par pizza.
- Pour terminer, parsemer d'œufs de poisson volant et de petits cubes de tofu.

Présentation
- On peut décorer d'un filet de mayonnaise à la wasabi et d'un tipi fait de branches de citronnelle.

Soupe de pois mange-tout au saumon fumé de la Fée des Grèves à la façon de Serge Bruyère. (Pour 4 personnes)

Soupe de pois

Soupe de pois mange-tout

1 lb (4 ½ tasses)	pois mange-tout
45 ml (3 c. à soupe)	huile d'olive
125 ml (½ tasse)	blanc de poireaux ou ½ poireau émincé très finement
au goût	sel, poivre
750 ml (3 tasses)	bouillon de poulet chaud
4	tranches de saumon fumé de la Fée des Grèves

Pour la soupe
- Équeuter les pois mange-tout et enlever les fils.
- Dans un chaudron, faire chauffer l'huile et faire revenir les pois mange-tout sans coloration pendant 3 minutes.
- Ajouter le blanc de poireaux et continuer à faire revenir, 2 minutes.
- Mouiller avec le bouillon chaud puis laisser mijoter 4 à 5 minutes, passer au mélangeur à grande vitesse.
- Passer au tamis et rectifier l'assaisonnement.

Finition
- Vider dans des assiettes à soupe et garnir d'une tranche de saumon fumé et d'herbes fraîches. Servir aussitôt.

Petit conseil
- Pour bien réussir ce potage, il faut avoir de petits pois mange-tout très tendres. Pour conserver sa belle couleur verte, il est préférable de le consommer immédiatement.

Il y a quelques années, j'ai eu la chance d'être embauché comme chef exécutif au restaurant de Serge Bruyère, ce qui m'a permis d'apprécier cet homme pour qui la cuisine était toute sa vie. Homme de cœur avant tout, il prônait la qualité et le respect des produits. Quelque temps avant son décès, je lui ai demandé si la vie de chef qu'il avait menée l'avait empêché de vivre.
Il m'a répondu que si c'était à recommencer, il referait le même chemin. Cette réponse m'a beaucoup encouragé à continuer et à ne jamais perdre de vue mon but qui est de partager ma passion avec tous ceux qui le désirent.

Tempura de crabe « Soft Shell » à l'huile de coriandre, rémoulade de radis. (Pour 4 personnes)

Pâte à tempura

250 ml (1 tasse)	farine de riz
1	jaune d'œuf
160 ml (²/₃ tasse)	eau glacée
au goût	sel, poivre
15 ml (1 c. à soupe)	gingembre
15 ml (1 c. à soupe)	échalotes vertes
1	piment oiseau
¹/₂	gousse d'ail haché
30 ml (2 c. à soupe)	coriandre fraîche hachée

Pour la pâte

- Verser la farine dans un bol en inox et faire un puits au centre. Déposer le jaune d'œuf, l'eau et le sel dans le puits et rabattre la farine vers le milieu en mélangeant vigoureusement.
- Hacher le gingembre, les échalotes vertes, le piment oiseau, l'ail et la coriandre, ajouter à la pâte. Prendre un autre bol en inox et le remplir de glace, déposer le bol de pâte à tempura sur la glace.
- Plus la pâte sera froide et l'huile chaude à 350 °F (180 °C), plus l'effet tempura effiloché et croustillant sera réussi.

Rémoulade

250 ml (1 tasse)	radis noirs
500 ml (2 tasses)	radis rouges
90 ml (6 c. à soupe)	saké
15 ml (1 c. à soupe)	miel
30 ml (2 c. à soupe)	vinaigre de riz
60 ml (¹/₄ tasse)	d'huile végétale
5 ml (1 c. à thé)	gingembre haché finement

Pour la rémoulade

- Parer les radis et les rincer sous l'eau froide.
- Les tailler, en julienne, avec une mandoline chinoise.
- Chauffer le saké et le réduire du deux tiers et ajouter le miel et le vinaigre de riz.
- Vider dans le bol de pied mélangeur et émulsionner en versant l'huile peu à peu.
- Ajouter le gingembre et mélanger cette vinaigrette avec la julienne de radis.

Huile de coriandre

200 ml (³/₄ tasse)	huile d'olive
125 ml (¹/₂ tasse)	feuilles de coriandre
quelques gouttes	soya

Pour l'huile de coriandre

- Vider l'huile dans le mélangeur et ajouter les feuilles de coriandre effeuillées puis liquifier à vitesse maximale. Passer l'huile dans un filtre à café ou un coton à fromage. Laisser reposer.

Crabe

4	crabes « Soft Shell » (carapace molle)
2,5 ml (1 c. à thé)	poudre de Chili

Cuisson et montage du « Soft Shell »

- Préparer le crabe de la façon suivante: retirer la queue et lever chaque côté de la carapace pour enlever les branchies. Presser à plat sur un linge pour extraire l'excès d'eau à l'intérieur. Plonger dans la pâte à tempura puis dans la friture à 350 °F (180 °C). Éponger sur un papier absorbant et assaisonner avec la poudre de Chili.
- Dresser sur chaque assiette un peu de julienne de radis dans des emporte-pièces de 7 cm (3 po) de diamètre.
- Déposer les crabes à côté de la rémoulade et verser un peu d'huile de coriandre autour ainsi que quelques gouttes de soya sur l'huile.
- Décorer avec du feuillage de minutina.

Thon gomashio au jus de poivrons rouges, chow-mein aux noix de cajou. (Pour 4 personnes)

Gomashio

15 ml (1 c. à soupe)	sel de mer
30 ml (2 c. à soupe)	graines de sésame
15 ml (1 c. à soupe)	graines de sésame noires

Thon

500 g (1 lb)	thon frais
30 ml (2 c. à soupe)	huile d'olive

Coulis de poivrons rouges

Voir page 41	(crevettes géantes des « Keys »)

Chow-mein au shiitake et noix de cajou

1	chou chinois
1	poivron rouge moyen
1/2	oignon
1	courgette jaune moyenne
250 ml (1 tasse)	pois mange-tout
30 ml (2 c. à soupe)	huile d'arachide
250 ml (1 tasse)	shiitake
60 ml (1/4 tasse)	noix de cajou
30 ml (2 c. à soupe)	soya

Pour le gomashio

- Passer au mini-robot les graines de sésame et le sel pour en faire un gomashio.
- Badigeonner d'huile d'olive le thon et rouler dans le gomashio, réserver pour la cuisson.

Pour le chow-mein

- Émincer le chou chinois, trancher le poivron en deux, épépiner et couper en lanières de 1 cm (1/2 po) de largeur.
- Émincer l'oignon finement.
- Tailler la courgette en deux et émincer en biseau.
- Blanchir les pois mange-tout.
- Dans un wok, chauffer l'huile d'arachide et sauter le chou chinois puis le reste des légumes, ainsi que les noix de cajou, ajouter le soya.

Cuisson et finition

- Dans une poêle antiadhésive, chauffer l'huile d'olive et saisir le morceau de thon sur toutes les faces et bien griller les graines de sésame. Mettre au four à 300 °F (150 °C) quelques minutes et couper 4 belles tranches de 125 g (1/4 lb) bien saignantes, que vous déposerez sur un lit de chow-mein. Verser le jus autour de celui-ci et servir aussitôt.

Carpaccio de thon mariné au gingembre et soya, salade de papayes pour « Olive ». (Pour 4 personnes)

Thon

360 g (12 oz)	thon frais (Yellow Fine)

Marinade

45 ml (3 c. à soupe)	huile de soya
45 ml (3 c. à soupe)	huile d'olive
45 ml (3 c. à soupe)	sauce soya
45 ml (3 c. à soupe)	jus de citron vert
30 ml (2 c. à soupe)	herbes fraîches hachées (estragon, basilic, cerfeuil, aneth)
30 ml (2 c. à soupe)	gingembre frais haché
au goût	sel, poivre

Salade de papayes pour « Olive »

Voir recette page 71	

Pour le thon

- Trancher de belles escalopes de thon très fines.
- Tapisser le fond de quatre assiettes de tranches de thon.

Pour la marinade

- Préparer la marinade en mélangeant tous les ingrédients. Assaisonner.

Finition et présentation

- Badigeonner de vinaigrette les fines tranches de thon. Déposer la salade de papayes au centre de l'assiette et décorer avec quelques feuilles de laitue tatsoy.

Pour reconnaître un thon vraiment frais, assurez-vous que la chair soit ferme et d'un beau rouge vif. Il ne doit pas y avoir de « sashis », petits trous qu'on voit dans la chair de certains thons. Pour le conserver, enveloppez-le dans du papier absorbant puis dans une pellicule de plastique et réfrigérez.

Vivanneau rôti, sauce vierge aux olives, brochettes de légumes printaniers. (Pour 4 personnes)

Vivanneau

750 g (1 ¹/₂ lb)	*vivanneau (red snapper)*
45 ml (3 c. à soupe)	*huile d'olive*
au goût	*sel, poivre*

Sauce vierge aux olives

30 ml (2 c. à soupe)	*échalotes grises hachées*
1	*gousse d'ail haché*
1	*tomate mondée et coupée en brunoise*
45 ml (3 c. à soupe)	*poivrons rouges coupés en brunoise*
30 ml (2 c. à soupe)	*basilic, aneth, estragon hachés*
45 ml (3 c. à soupe)	*olives calamata dénoyautées et hachées*
250 ml (1 tasse)	*huile d'olive*
45 ml (3 c. à soupe)	*vinaigre balsamique*
au goût	*poivre du moulin, sel de mer*

Brochettes de mini-légumes de Jean Leblond

8	*têtes de violon*
2	*mini-maïs*
8	*boutons d'asclépiades*
4	*mini-pâtissons*
8	*pointes d'asperges blanches*
8	*mini-tomates*
8	*mousserons*

Pour le vivanneau
- Écailler les vivanneaux.
- Lever les filets et enlever les arêtes.
- Ciseler la peau en surface afin d'éviter qu'elle ne se contracte.
- Réserver pour la cuisson.

Pour la sauce vierge
- Mélanger les légumes et les herbes dans un cul-de-poule.
- Ajouter l'huile d'olive et le vinaigre balsamique, assaisonner avec le poivre du moulin et le sel de mer.

Pour les brochettes
- Blanchir dans l'eau bouillante quelques secondes les têtes de violon, les mini-maïs, les boutons d'asclépiades, les mini-pâtissons et les asperges blanches.
- Garder crus les tomates et les mousserons.
- Embrocher les légumes sur des baguettes de bois préalablement trempées dans l'eau (pour éviter qu'elles ne brûlent sur le gril). Il faudra deux brochettes par personne.
- Badigeonner les brochettes avec la sauce vierge et assaisonner. Déposer sur le gril et cuire 2 minutes de chaque côté.

Cuisson et finition
- Dans une poêle antiadhésive faire cuire les filets de vivanneaux à feu moyen sur le côté de la peau avec un peu d'huile d'olive, jusqu'à ce que la peau soit croustillante.
- Retourner et cuire à la cuisson désirée. Assaisonner.
- Déposer les filets sur les assiettes et piquer deux brochettes dans chaque pièce. Verser 30 ml (2 c. à soupe) de sauce vierge aux olives sur le tout.

Index par produit

Table des recettes

Remerciements

Je tiens à remercier toutes les personnes qui ont travaillé, de près ou de loin, à la réalisation de ce livre.

D'abord, merci de la patience et du support de toute l'équipe du Laurie Raphaël et plus spécialement à mes deux sous-chefs, Jean-François Girard et Éric Vilain, ainsi qu'à ma secrétaire, Kathy Glode.

Nadia Lachance, notre accessoiriste, pour les Müslix, le yogourt au café et les longues heures de travail passées au studio avec nous.

Toute l'équipe de Vox, plus particulièrement à Maryse Gagné pour sa ténacité et sa détermination, ainsi qu'à Sophie Ouellet pour sa rigueur à corriger mon ouvrage.

Jean Leblond de la Métairie du Plateau, M. Daignault de la compagnie Les Jardiniers du Chef et André Gosselin des Fines Herbes par Daniel pour les petits cadeaux offerts pendant la réalisation des photos afin de m'inspirer encore plus.

Suzanne Lapointe et Véronique Bigras pour leur grande générosité; sans elles je n'aurais pu trouver tous les mots pour exprimer le fond de ma pensée.

Madeleine Gagnon pour ses encouragements de tous les jours.

Ma mère, Ghislaine, qui a vu un chef en moi dès mon jeune âge.

Mes enfants, Laurie-Alex et Raphaël, mon inspiration.

Ma compagne, Suzanne, qui a cru en moi lorsque j'étais septième commis aux épinards et qui, aujourd'hui, m'aide à éditer mon premier livre.

Marc Maulà (Styliste culinaire)

Marc est mon ange gardien, celui qui répond à tous mes besoins. « Père poule », il refait le nœud de mes rôtis, recoiffe les herbes de mes décors, soigne mes petits légumes, repasse mes abaisses de pâte à tarte, etc. Merci pour ton soutien et ta générosité!

Louis Ducharme (Photographe)

Artiste zen, sensible à la beauté des fruits de la nature, il puise l'énergie créatrice dans sa serre d'orchidées. Imprégné de culture orientale, il a su comprendre le sens de mon ouvrage.

Jacques de Varennes (Directeur artistique)

Déposer une pensée gourmande et quelques images dans la tête en ébullition de Jacques. Laisser mijoter quelque temps avec son imagination débordante. Assaisonner de quelques bonnes idées de sa collaboratrice Maryse. Vous obtiendrez un concept original.

Marcel Richard (Chef pâtissier au Laurie Raphaël)

Ex-biologiste, il n'a pas eu peur de changer de cap pour faire ce qu'il aimait. Autodidacte, perfectionniste et créatif, il évolue constamment. Son aide me fut très précieuse depuis ces trois dernières années et particulièrement pendant la réalisation de ce livre.

Accessoires

ABACA, 38, rue Garneau, Vieux-Québec

ALSACIA, St-Paul

ARTHUR QUENTIN, 3960, rue St-Denis, Montréal

ATLAS BAINS ET CÉRAMIQUES, 1385, rue de la Pointe-aux-Lièvres, Québec

CASSIDY LTÉE, 1240, boul. Charest Ouest

CHOCOLATIER BELGE E. LAURENT, 1293, avenue Maguire, Sillery

DALIBABA, 1115, rue St-Jean

GOYER BONNEAU, céramistes, Carignan

JARDINS DE L'ARGILE, Champlain

LA COMPAGNIE BOMBAY, Place Ste-Foy

LA MAISON DE JOSÉE, chemin St-Louis

LES ANTIQUITÉS DU VIEUX-QUÉBEC, St-Paul

LES ARTISANS DU VITRAIL, Limoilou

LES MÉTAUX PRESSÉS QUÉBEC, centre industriel Vallier

PIERRE ROBITAILLE, Place Ste-Foy

RENAUD ET CIE, St-Paul

SARENHES, St-Paul

SOUS L'ESCALIER, Maguire

STOKES, Place Ste-Foy et Place Laurier

TRIEDE DESIGN, 385, place D'Youville, bureau 15, Vieux-Montréal